话语权

进化道路上的微博

袁 俊 ◎ 著

中国财富出版社有限公司

图书在版编目（CIP）数据

话语权：进化道路上的微博／袁俊著 . --北京：中国财富出版社有限公司，
2024.8. --ISBN 978－7－5047－8202－1

Ⅰ. F713. 365. 2

中国国家版本馆 CIP 数据核字第 2024Z2V915 号

策划编辑 郑晓雯		**责任编辑** 郑晓雯		**版权编辑** 李　洋	
责任印制 尚立业		**责任校对** 卓闪闪		**责任发行** 董　倩	

出版发行 中国财富出版社有限公司

社　　址 北京市丰台区南四环西路 188 号 5 区 20 楼　**邮政编码**　100070

电　　话 010－52227588 转 2098（发行部）　　010－52227588 转 321（总编室）

　　　　　010－52227566（24 小时读者服务）　　010－52227588 转 305（质检部）

网　　址 http：//www.cfpress.com.cn　**排　版** 宝蕾元

经　　销 新华书店　　　　　　　　　　**印　刷** 宝蕾元仁浩（天津）印刷有限公司

书　　号 ISBN 978－7－5047－8202－1/F·3694

开　　本 710mm×1000mm　1/16　　**版　次** 2024 年 8 月第 1 版

印　　张 17　　　　　　　　　　　　**印　次** 2024 年 8 月第 1 次印刷

字　　数 175 千字　　　　　　　　　**定　价** 59.80 元

推荐序一

　　数字互联网科技给人们工作、生活、社交带来不少变化，这些变化体现在快速更迭的互联网媒介领域，映射的是互联网用户行为习惯的变革与进化，驱动着社会形态、情绪价值、公共治理等多个方面向多元、多向、多边的趋势发展。

　　这些变化在数字营销与数字商业传播业界的观察视角尤为显著，因为数字营销与数字商业传播业界的日常工作就是沟通消费者，从价值告知、价值沟通到价值交付，每个数字营销与数字商业传播业从业者都可以切实感受到过去 10 余年来，在数字互联网尤其是社交媒体发展过程中，消费者的审美、判断、决策均有所不同。这种不同也使从业者开始思考，当创新红利驱动变革时，我们原有的观察判断视角、价值评估方法和品牌沟通策略，是否需要与时俱进的升级，以符合高质量发展时代的要求。

　　话语权的位移是在社会治理高度需要关注的问题。随着数字互联网科技进入人类生活的方方面面，每个个体都有权通过社交媒体表达自己的态度与立场，并且在行政、商业、生活、文娱等多方面形成当代国民应有的温度与态度。

　　用 140 字，让每个用户在任何场景都可以记录和表达，是微博带给互联网用户的创新。在微博问世后的若干年，我们观察到几乎所有大事件传播过程中都有微博的身影。

话语权的观察、分析、归纳、总结，是作为数字营销与数字商业传播业从业者到一定阶段的沉淀输出，很高兴可以看到这种输出驱动更多互联网综合价值的思考探索。

解读话语权，将有助于中国数字产业治理与社会治理保持同频高质量发展，也有助于国民生活更加多元与精彩。

中国商务广告协会会长

李西沙

2024 年 5 月

推荐序二

话语权是权力在话语场域内的具象化体现，也是话语场域内权力结构的具象化体现。人类自从有了"社会"这一概念之后，长期思考和探索的方向之一就是把话语与权力相结合。

社交媒体的出现，打破了信息内容生产者、信息内容载体、信息内容传递链路与信息内容触达的原有逻辑，每个个体都是信息内容的生产者，这意味着一个前所未有的巨大变革：原本少数话语主体的权力，逐渐转移给更庞大的话语主体群体，从而在话语权的场域内进行再造和重组。

微博见证并引导了中国社交媒体话语权的变迁过程。回顾数字互联网的发展历程，虽然微博并非第一个社交媒体平台，却成为一种广泛存在的社交媒体形态。微博能够兼容不同的用户群体，同时包容各种事件、热点话题、活动等因素。这展示了社交媒体从最初的原始状态，逐渐进化到更加合理的状态。

当每个人都能用 140 字来表达自己的态度、视角和观点时，社会变得更多元化。这种多元化的表达方式不仅体现在交流和舆论上，还在社会治理方面产生积极影响。通过这种多元化的表达，社会在不同方面更加完善。

从认知话语权、解读话语权、诠释话语权，到通过合理、科学的法规对话语权进行治理，意味着要确保公众有正确的认知、解读和诠释信息的能力，并通过科学、合理、合法的规则来管理话语权，这是一条漫长的道路。在这个过程中，需要学术界和业界共同努力探索。

感谢微博带来有意义的讨论话题，期待微博在未来能够继续发挥重要作用，促进话语权的发展，使讨论更加丰富多彩。

国家广告研究院院长、中国传媒大学教授

丁俊杰

2024 年 5 月

推荐序三

在这个信息泛滥的时代，话语权如同一把无形的利剑，悄无声息地决定了谁的声音能够被听见，谁的声音又将被淹没。这把剑，有时握在权贵的手中，有时又在资本的操控之下，它在人群中挥舞，却鲜有人能够看清其真面目。

据网查，话语权可能最早出自哲学家米歇尔·福柯（Michel Foucault）的"话语权力论"。长久以来，话语权被泛化地理解为一种权力。既然与权力相关，就会产生对话语权权益的主张：

"谁拥有话语权，谁就能拥有财富或权力。"

古往今来，所有的冲突都是话语权的争夺，核心是为了利益。

获得话语权不容易，需要具备的能力与条件要求非常高。长期以来，人们习惯从文化角度理解话语权。文化发展，既不是固守成规，也不是盲目追随，而是需要深刻的自我认知，对历史和现实的深刻洞察。话语权是文化的制高点，不是简单的声量比拼，而是理性与智慧的较量。

失去话语权很容易，话语权的不断更迭往往由不同的价值取向导致。

在传播领域，无论是公共传播还是商业传播，无论是传播平台还是传播内容，都是在谋求话语权最大化。信息爆炸的今天，话语权本应平等，在某些领域却成为特权。信息传播工具越来越多，一些人的思想却越来越单一。看似自由地选择信息，实则是被算法和推荐系统悄悄引导。真理的声音，被有意无意地筛选或淹没。

在传播的舞台上，话语权是主角，其他皆为观众。本书尝试解构话语权这一社会现象背后的深层逻辑，让对话语权的讨论得以充分进行，这对从事传播工作的朋友将大有裨益。

虎啸奖创始人

陈徐彬

2024 年 5 月

一两黄金一两风

有理由相信

有理由相信,"话语权"这个词首现的精确日期或不可考。

笔者用键盘打出话语权三个字后,写作停滞了三小时,思绪无以为继。其间抽了四根烟,喝了两杯咖啡、一罐可乐、一杯水,离开书桌去阳台极目远眺若干次。

因为笔者突然发现,写作本书首先需要诠释什么是话语权。

或者说,在本书希望探讨的范围内,什么是话语权?

中国最大的学术文献平台知网,有史可考的第一篇涉及话语权的文献出现在 1994 年,由陶东风教授与金元浦教授发表于期刊《文艺研究》(1994 年第 5 期),题为《从碎片走向建设——中国当代审美文化二人谈》。随后的很长时间内,话语权以一定的频次出现在学术文献中,相关内容多为话语权在不同领域不同视角的应用性观念倡导,罕有对话语权本体的研究。

话语权真正得到学术界的聚焦关注,或可追溯到 2009 年。这一年,与话语权相关的学术文献数量首次过千。2016 年该数字超过 2000。2017 年到 2024 年第一季度(写作本书之时),没有低于过 2000 篇/年这个量化指标。

进而言之，话语权最初以词汇符号进入应用领域，历经多年才得到重视，其间自然不乏多视角的学术构念锤炼，内涵逐渐丰满多元，却很难得到高度统一的逻辑共识。

用 30 年走完千年的历程

1994 年，中文互联网第一个社交媒体曙光 BBS 问世。这一年，距离本书动笔的 2024 年整整 30 年。

在 1994 年的 25 年前——1969 年的大洋彼岸，美国破天荒地连接 4 所高校的计算机，动机是冷战时期防止苏联破坏核武器指挥中枢从而降低美国核威慑。

1994 年的 3 年前——1991 年，苏联解体，环顾八荒骤然间没有了假想敌的美国开始思考未来的方向，进而提出"信息高速公路计划"①，包括中国在内的超过 40 个国家在美国发布这一计划

---

① 国家信息基础设施（National Information Infrastructure，NII）。1991 年，美国国会通过了由时任参议员阿尔·戈尔提出的"高性能计算法案"（后来也被称为"信息高速公路法案"）。1993 年 1 月，戈尔当选克林顿政府的副总统，同年 9 月，他代表美国政府发布了"国家信息基础设施行动动议"，即"信息高速公路计划"。按照这一计划，美国计划在 1994 年使 100 万户家庭联入高速信息传输网，至 2000 年联通全美的学校、医院和图书馆，最终用 10~15 年（即 2010 年前）把信息高速公路的"路面"——大容量的高速光纤通信网，延伸到全美。此计划宣布后，不仅得到美国国内企业的普遍支持，也受到许多国家的高度重视。

后积极响应，人类的目光因此聚焦到了数字互联网。

1994 年的前 1 年——1993 年，"三金工程"① 记录了中文互联网的萌芽期。尽管"三金工程"更像是试验品，但其动机反而更贴近于产业互联网，即当今所倡导的产业赋能。

1994 年后的 5 年内——1998 年创立的西祠胡同（华语地区第一个大型综合社区网站）与 1999 年创立的天涯社区（曾经极受欢迎的华人内容创作和知识分享社交平台之一），让中文这一信息文化符号成为民间江湖同样可以驾驭的载体通路。同时代记忆，可以追溯到包括榕树下在内的中国最早的网络文学网站，这些网站聚集了一批颇有影响力的作家，如韩寒、安妮宝贝等。

1994 年，距离网络内容创作者主导的第一部现象级剧集《武林外传》首播还有 12 年。

1994 年，距离德云社问世还有 1 年。8 年后，北京相声大会逐步揭开了一个时代的序幕。9 年后，北京相声大会更名为德云社。助力德云社走向知名的信息通道，除了北京广播电视台，还包括具备浓郁 UGC（用户生产内容）色彩的互联网音视频业务。

在社交媒体被广为接受之前，中华数千年历史，民众从未拥有过如此大且自由的话语权。

在数字社交媒体成为互联网原住民标配之前，社交信息从未

① 继美国发布"信息高速公路计划"后，世界各地掀起信息高速公路建设的热潮。1993 年年底，中国正式启动了国民经济信息化的起步工程"三金工程"，即"金桥工程""金卡工程""金关工程"。

如此从容地跨越时间空间，无所不在。

上述的每个国民级事件，其过程都少不了一个名字若隐若现——微博。

意愿、表达、迁移与制衡

话语权自古有之，而社交媒体的关键作用在于话语权权重的重构和再分配。我们可以如此定义或描述这种现象，即社交媒体崛起代表的是受众表达意愿需求的满足，而这种满足背后映射着对话语权的权重再造。

话语权通过社交媒体形成、集中，同时内容生产者出现去中心化特征，而社交媒体平台则必须站在社交媒体规则构建者立场，实施话语权新一轮秩序化的权利义务履行。

这不是一个切片或断章可以表述的只言片语，甚至不是一本书可以纳之大成的任务。

不仅仅是商业

微博不是社交媒体的全部，但将"全部"修订为"缩影"，且此缩影与中文互联网社交媒体有最大公约数，当无歧义。

　　充分市场背景下，细分赛道无法以点概面，就像笔者希望通过梳理、归纳、总结、分析、记录，尽力去记载或剖析话语权在微博的变化过程，如果仅立足于商业视角或互联网视角，记载或剖析很难不失偏颇。

　　因此，笔者希望本书可以突破商业、突破互联网，从社会面、治理面、产业面、商业面，多视角观察现状、变化与溯因。

　　中文互联网发展历程宏大而独特，社交媒体的进化恰是互联网历史洪流中一条最为磅礴精彩的支流，一条无法忽视的关键支流。

　　笔者能力有限，仅希望在本书问世后的 5 年或 10 年，仍带耳畔余响。

2024 年 4 月写于《话语权》之前

目　录

第一章
敲下140字的历史

2007 年的起点与社交媒体的进化之路

"市井闲话"古已有之，这一广大人民群众喜闻乐见的交流娱乐方式虽无从追溯起源，却可从人类社会史视角找到若干端倪。

所谓市井闲话，自别于庙堂对话，符合源于人民、扩散于人民的根本特征，也正因为这个特征，自符合共同的话语体系与兴趣导向。市井闲话的长期存在，可视为人民日常交流的需要，可在漫长的历史长河中，被冠以市井闲话名义的民间信息交流通常垂直且狭隘。

造成此现象和必然规律的并非市井闲话本身，本质上源于社会信息视角的局限与社会化信息载体的原始。

首先，在 1949 年中华人民共和国成立之前，中国所经历的千年封建王朝，民智开启程度极其有限。隋朝的科举制度虽打破豪族垄断，但仍致力为精英知识分子提供阶级上升通道，压根儿就没准备普及全民。当夏商周、春秋战国、秦汉、魏晋南北朝、隋唐宋元明清的历任皇帝及其幕僚，都在努力地"有限"与"定向"开发民智时，人民群众的受教育水平可想而知（就大样本而言，识得数百字便可称知书达理）。人民群众基本是文盲、半文盲的时代延绵，市井闲话的话题性自然高尚不到哪儿去，流言谣言为常态，而有见识的表达罕见流于市井（知识分子大多有一定的身份地位，没有义务也没有兴趣与底层人民交流）。教育程度局限性是限制人民日常交流多元化和层次性的根本桎梏。

其次，受制于生产力水平的低下，在中华人民共和国成立前的约 2500 年里，差不多有 2/3 的时间，老百姓都在忙于果腹。清史载，冬日百姓不再劳作，终日不动只为保障最低热量消耗，以便家族能在粮食低产量的岁月存活下来。于是，在"丰年勉强饿不死，灾年遍地是荒坟"的生产力水平下，多数人的精神食粮有限，娱乐、交友、阅历、见识等方面均罕有形成话题传递的必要性和可能性。

最后，市井闲话本身的信息传递半径注定有限。普及教育让国人具备读写的能力，而普通话则很大程度上促进了沟通语言信息范式形成。中华人民共和国成立前交通闭塞、语言跨区域流通能力极弱，令信息通过社交传递的半径严重受限。经常阅读文学作品的读者会发现，刀耕火种时代，行走乡镇的货郎或万里贩货的行商是见识阅历远博于常人的特殊群体。无他，其职业注定需要跨区域和多语言能力加持，而寻常百姓无此职业经历，自然缺少信息扩散与跨区域接收的可能性。

上述一系列延绵千年的市井闲话特征，即便官方媒体再怎么努力扩大覆盖面与传播量，均无法弥补其短板。从信息逻辑进化路径而言，市井闲话存在的刚性需求可以用马斯洛需求理论进行诠释，而在生理需求与安全需求之上的第三层社交需求，映射在社交沟通、社交互动、社交信息交换等环节，此刚需势必需要某一项科技或趋势予以满足，而中文互联网社交媒体时代的到来，尤其是微博的出现，可以视为科技与趋势在正确的时机、用正确的方式、面对正确的人群，恰到好处地满足人们的需求（见表 1-1）。

数字互联网的从无到有是一条基于数字技术底层应用，用适时的技术特征匹配用户需求，进而形成应用的"三轴"发展之路。

微博模式在中国起源于 2007 年上线的饭否网（中国第一家提供微博服务的网站，2009 年关闭，以下简称"饭否"），而新浪微博上线于 2009 年 8 月。

微博上线前，中文互联网的社交产品仍然是 SNS（社交网络服务）的天下，其中颇具代表性的有开心网、人人网等，开心网的多数用户以每天"偷菜""抢车位"为乐。

微博发布短短一年后，便将车水马龙的 SNS 变成门可罗雀的无人区，原因在于微博产品的两大基本立足点：

表 1—1　中文互联网媒体发展历程

技术	Fax Modem	ISDN			ADSL			3G 光纤							4G 光纤						5G 光纤		
年份	2002年前	2003年	2004年	2005年	2006年	2007年	2008年	2009年	2010年	2011年	2012年	2013年	2014年	2015年	2016年	2017年	2018年	2019年	2020年	2021年	2022年	2023年	2024年
特征	有限图文	批量图文			视频在线缓存			移动互联网							在线动态内容						物联网		
门户								综合资讯门户															
社交	BBS 窗口期	Blog 窗口期			SNS,微博启蒙期		微博成立,微博初期,B站成立	微博发展期					微博平稳期,细分社交媒体探索期,小红书成立,抖音成立		微博成熟期,直播社交发展期,短视频,小红书发展期,直播平台发展期								
数字零售								C2C电商 B2C电商											直播电商				
视频												视频网站/视频App											
生活服务																本地生活服务							
传感器/机器人																			万物互联				

第一，微博提供更便捷的移动红利体验。2007 年，苹果公司发布第一代 iOS 操作系统，Google 不甘落后，随即宣布 Android 操作系统开源，两大科技巨头只在做同一件事——重新定义移动操作系统。两强相争之余，被逼到绝路的是 Symbian OS（塞班系统）。2001 年发布的塞班 6.0 操作系统，一度被视为移动操作系统的终极形态，被誉为不可能被超越的完美移动操作系统。言犹在耳，余响未散。以 iPhone 为首的新一代智能终端给大众带来截然不同的体验，人们一旦体验触屏智能操作系统就很难再用回"原始社会"的全键盘塞班操作系统。彼时，作为超级人口大国的中国同样处于日新月异的移动操作系统变革期，移动互联网这一全新的价值高地得到空前重视。而微博的上线，就抓住了 PC 网页端与移动操作系统端的双端布局。要知道，在微博之前，没有任何一个中文互联网应用敢如此大胆"下注"50%在移动端①。

时过境迁，当时微博的 PC 浏览器版与移动操作系统端的两线布局，仅是后人的概括总结。如果细细回顾，则可以发现微博早期的产品布局分为 3 个阶段，依次为：PC 端（强）+移动应用端（弱）+移动网页端（强）；PC 端（强）+移动应用端（强）+移动网页端（中）；PC 端（中）+移动应用端（强）+移

---

① 彼时，中文移动互联网已经发展了近 10 年。早在 21 世纪初，中国移动便效仿日本移动互联网，推出"移动梦网"（手机上网平台），但其主要载体并非独立应用，而是 WAP 网页版，内容性有余，功能性一般。虽然当时中国的互联网公司都在关注移动增值业务，但罕有移动端创新应用的尝试与规模化的资源投入。

动网页端（弱）。上述 3 个阶段无法用年月日区隔，却严格遵循智能移动设备的普及程度，微博从始至终把移动端视为资源投入不低于 PC 端的重要部分。

后来，很多互联网应用完全"流放"PC 端，全面以移动端设计产品逻辑。举例来说，国民级应用大众点评，其 PC 网页版的开发进度显然远远滞后于移动端；头部 OTA（在线旅行社）平台携程同样如此。而 2009 年微博的 PC 端与移动端双轨制产品路径，不仅划时代，更为整个移动互联网普及期奠定了基调。

站在 2009 年移动互联网的大门前，手持 PC 端与移动端双轨制产品路径的微博，在三五年时间内只做了两件事。第一件事是微博具备充分主观能动性的积极之举——将微博内容生态不断细化，并深耕于此，构建战略壁垒；第二件事则是微博在发展壮大过程中不知不觉对社交媒体生态产生的影响——体现在上一代社交媒体 SNS 彻底退出历史舞台。

第二，或与微博脱胎于新浪资讯门户网站的原始基因相关，即使其信息结构层面更接近 Twitter，但微博仍然忠实地秉承内容驱动的策略。与新浪资讯门户网站不同的是，综合资讯门户网站作为 Web1.0 时代的媒介代表，提供产品且提供内容；而微博则从产品提供者和内容提供者，转变为产品提供者和规则制定者与执行者。之所以提到微博的新浪门户网站基因传承，是因为微博从来没有放弃内容生态的介入，包括内容生态的引导以及内容生态中的微博自立场表达。

2010 年，中国移动、中国联通、中国电信三大电信运营商开展了 3G 网络普及行动，当时的产品策略是：用户签约 3G 网络并承诺 2 年在网，即得 iPhone 智能手机。

移动互联网的"摇滚朋克时代"自此开启。率先献上开场曲的是微博，加之有三大电信运营商助力，气氛奔放且炙热。那个时代的街头，姑娘小子揣着一部 iPhone 拍照发微博是潮流，程度基本等同于今时今日在网红景点拍照打卡，睥睨众生、卓然不群的气场油然而生。在微博之前，没有任何一个社交媒体细分业态能达到如此高度的影响力，包括 BBS（网络论坛）、Blog（博客）、SNS 等。

2009 年上线的微博，只用不到 1 年时间便稳坐移动互联网头把交椅。微博高歌猛进的背后，任重道远。其一，移动互联网潮头方起，世界上没有任何一种方法论可以预测未来发展之路的对错，谨慎试错与小步快跑必定成为头部企业的首选策略；其二，微博的难点在于，前路已没有对手，一切的前行只能依赖身体力行蹚路，而 2012 年时，微博仍然面临巨大的财务压力，迫切需要增长；其三，难题不仅摆在微博面前，整个中文互联网任何一个厂牌的办公桌上都放着一本习题册，册扉赫然写着几个大字："微博可以，我为何不可以？"大家都在思考，如何在后微博时代找到不一样的道路，是否可能复制微博用最短的时间崛起、登顶的神话？

神话之所以是神话，是因为不可模仿，且无法复刻。

精英集成与史上最强社会化内容分发（2007—2012 年）

无须讳言，微博身上的门户内容基因处处可见。幸运的是，这种内容基因在创始阶段是一种优势。更幸运的是，微博没有把自己圈在 Twitter 的范围内，而是结合中国国情，走出了一条坚定的路。

2007 年 5 月，中国的"微博"模式上线。当时，全球范围的类"微博"网站有据可查的一共有 111 家，而中国的"微博"名曰饭否，创始人王兴。你没看错，饭否创始人王兴先生就是你脑海中揣测的那个名字，他先是在 2005 年创办人人网（原名为校内网），后在 2010 年创办美团，且于"千团大战"中"杀"出血路，绝对算得上中文互联网排名前 10 的超级猛人。

饭否于 2009 年 7 月关停，资深互联网人都对饭否有着一种牵挂与情怀。同年 8 月，新浪微博上线。2010 年 1 月，网易微博紧随其后上线。2010 年 4 月，腾讯微博开启内测，搜狐微博开启公测。当时的"微博"领域，网易微博、搜狐微博、凤凰微博等"诸侯乱战，遍地狼烟"。当时的新浪微博还未更名为微博，作为前缀的"新浪"，很好地对厂牌名称与内容基因做出注解。

饭否暂别用户 500 余天后重回互联网大众视线，不过已物是人非。

2010 年 10 月，新浪微博公告注册用户超过 5000 万。这一刻起，尽管竞争者在未来 18 个月内还会公布各种注册用户数据或日活数据，但中国"微博"领域的天下已定，新浪微博的 5000 万注册用户集成了精英内容生产者与极度活跃的用户；同时，这部分用户具有新浪微博原生性，更熟悉也更认可新浪微博，不同于友商从 IM（即时通信）导入的强捆绑模式。

要知道，无论互联网用户数量多么庞大，都总是一个有数量边界的用户池。当时的"微博"领域用户争夺战中，任何一家互联网厂牌面临的局面都是精英用户进驻新浪微博且生态适配性极佳。在用户争夺层面，新浪微博完胜。

2010 年年底，《新周刊》封面刊登巨幅文字"围观改变中国"，首次从传媒视角真正开始思考、沉淀、剖析微博带来的"围观"对国人价值观、思想观、生活观的冲击和改变，也可以将其视为大众开始正视以微博为代表的社会化媒体驱动的话语权变革趋势，开始意识到，全新的社会化话语权时代正在拉开帷幕。

互联网的买卖不同于传统生意。如果说传统生意在于渠道在哪儿就可以获取哪儿的顾客，则互联网的最大特征恰在于无视物理距离，因此，用户凭自我体验选择产品并忠于产品。新浪微博赢得高质量用户的原因，自然不仅是先手优势，更在于对"度"的把握。

上文提到过，在新浪微博之前，饭否曾踏足过"微博"这个社交媒体细分领域，但很快在舆情管理方向失衡。于是，新浪微博站在探索之路的最前端，前方再无可参考的对象。饭否提供的经验是什么不能做，却无法在如何做才是最佳决策方向上提供参考。

面对未知的自然避险反应也好，最强基因爆发也罢，总之，新浪微博手持其最擅长的"武器"——内容——解决问题。

2006 年首播的《武林外传》被视为情景喜剧的巅峰或有争议，毕竟还有 1993 年首播的天花板级情景喜剧《我爱我家》珠玉在前。可不存在争议的是，《武林外传》成就了姚晨。凭借饰演郭芙蓉一角，姚晨让大众深深记住了她的名字，即便放眼 10 余年后的今日，饰演男主角白展堂的沙溢流连综艺，饰演女主角佟湘玉的闫妮多有佳作，风头都不及因一招三脚猫功夫"排山倒海"被铭记的郭芙蓉。自《武林外传》爆火后，姚晨参演的《潜伏》《都挺好》为其奠定了实力派女演员地位。可在戏外，姚晨有一个经常被忽略的标签——中国第一个微博粉丝过 1000 万的用户。这一天是 2011 年 7 月 27 日。

为纪念这一刻，姚晨发布微博"千万不要被千万束缚"留念。

姚晨的微博注册于 2009 年 9 月 1 日，到粉丝破千万共历经 22 个月。其间，这位"微博女王"共发布超 4000 条微博，日均发布的 7~8 条微博主要记录生活、工作、公益，并时刻不忘与粉丝互动。姚晨的微博能有千万粉丝，很大程度上是因为网民第一次有机会与娱乐明星"零距离"接触，手握方寸屏幕，娱乐明星的喜怒哀乐就呈现在眼前，恍若与真人面对面。粉丝们乐于和姚晨一起为公益话题助力呐喊，也热衷于和姚晨一起讨论趣味性话题。

这是姚晨的微博故事，却不是孤例。姚晨在社交媒体创新窗口期以微博为平台，真诚对话粉丝，具有代表性和标杆性。类似的内容创作者不止姚晨，同时代还有若干值得关注的精英用户活跃于微博，给粉丝带来愉悦的体验。

早期的微博向网民打开了一扇窗户，娱乐明星不只是舞台形象，有血有肉的娱乐明星更容易赢得粉丝们的认可。例如，2010年 8 月，演员雷佳音在其微博发布"光着膀子喝啤酒是我的情感"，这种"直言不讳"对粉丝而言是有趣的、更贴近生活的，也是值得关注与交流的。

微博的精英集成面极为广泛，上述以娱乐明星为例，仅因为其具有代表性而已。其实，微博早期有更细分的精英集成策略，总结起来可以归为以下几个方向。

其一，明星，包括娱乐、体育、商业等多个方向。明星精英资源的集成满足的是社交媒体点对点的沟通需求，要知道，在微博做明星集成策略之前，中国网民都没有机会触碰屏幕就看得到明星的即时动态。可以断言，微博的明星资源集中度达到了空前地步，任何一次超级文艺演出都不可能云集如此密集的明星资源供平头百姓大饱眼福。

其二，内容商业生产者。在微博之前，社交媒体的极致商业化变现是平台售卖有限的商业化广告，而且卖得相当一般。微博为内容商业生产者提供了巨大的机会，相当一部分内容商业生产者在微博上以优质的内容获得粉丝，从而成为社交媒体生态中的内容媒体博主，并且逐步商业化。上文提到过，互联网最大的特点为去物理距离，用户凭自我体验选择产品；而在内容商业生产者的选择上，用户同样秉承此规律，当部分优质内容商业生产者凭本事吃饭时，其自然而然能赢得流量与裂变效益，而这部分优质内容商业生产者与微博之间有相辅相成的关系，他们同样为微博带来更多希望看到多元化内容的用户。

其三，生活服务便利提供者。早在 2013 年，就有一位在学校门口摆摊的大叔通过微博接订单（当时移动支付尚未充分普及，但微博私信可以实现点对点沟通），学生放学后可以到摊位前直接拿走大叔提前准备好的食物，不需要排队等待制作，这成为一时美谈。在移动互联网快速发展阶段，可以想到把自家买卖连接社交媒体用户流量的商户，毫无疑问是精英用户。

其四，头部公共服务机构。有远见的公共服务提供机构利用微博拉近与用户的距离，而用户也得以了解公共服务体系，形成认知与共鸣，达成和谐社会所需的彼此认可，提升公共服务效能。有数据统计显示，截至 2010 年 7 月，59 个政府部门在微博部署政务微博，其中大部分政务微博隶属于公安部门，而在未来数年，政务微博将成为政府部门的标配。

其五，资讯媒体。Web1.0 时代的媒体立场是高高在上、不食人间烟火，微博集成的媒体则需要学习如何在社交语境下与读者沟通，读者不再是单向的信息接收机器，反而会参与媒体信息讨论、鉴真或鉴伪、互动等。在微博早期布局社交触点的媒体均具有相当的远见。而从用户视角看，正因为有这部分有远见的媒体在，用户才更愿意云集微博。其他平台的媒体几乎是对用户的评论爱搭不理，唯有微博中媒体与用户的信息互动有来有往，可想而知用户会倾向何方。

有事看微博，无事更要看微博（2013—2016 年）

由于精英用户的存在，微博产品信息逻辑能最大限度缩小用户与用户间的距离。与 Web1.0 时代的用户关系相比，内容生产者不再局限于权威立场，原本单边的话语权开始出现位移。有趣的是，我们不能简单认为这种位移帮助用户赢得了话语权。客观回顾，在 Web 1.0 时代，明星、政务机构等仍然需要通过媒体采编才有发声的机会；可在微博上，何时说话与说什么话均能由个人决定，话语权转移到了发声者手中，只需要恪守平台规则与公序良俗，每个人都可以开自己的小喇叭。

从史学研究的角度，梳理审视微博不同时代的话题，有着相当的趣味性。笔者通过梳理发现，2012—2013 年是微博话语权变化的一个分水岭。

2012 年，微博吸引用户关注的重点话题仍然具有官方、正能量色彩。人民网曾以专题模式汇总了 2012 年微博热门话题，包括《舌尖上的中国》（央视热门纪录片），"神九迈出中国载人航天史上重要一步"（航天科技重大里程碑），"最强暴雨中的最美北京人　守望互助感动北京"（天灾面前的人文守护），"边看比赛边刷微博　开启全民奥运时代"（为中国健儿加油），"《中国好声音》重磅来袭"（娱乐），"旗帜鲜明　维护钓鱼岛主权"（全民维护国土主权），"歼-15 起降着舰成功　引发网友航母 Style 热潮"（中国军力引发网友关注），"正能量：一种人生态度，一种生活力量"（正能量被定义），"'世界末日'过后'我还活着体'走红"（响应 2012 年玛雅传说的世界末日原是闹剧，全民恶搞出现文体）。通过上述热门话题可见，除了"'世界末日'过后'我还活着体'走红"具备极强的恶搞氛围，"《中国好声音》重磅来袭"属于娱乐内容，其余热门话题均不同程度与社会主流方向存在或多或少的关联。

而这一切的变化，出现在 2013 年。

2013 年，一路高歌猛进的微博遭遇了最强"对手"——微信。2013 年 8 月，微信 5.0 版本发布，这个史诗级版本的微信让中国的社交媒体开始分流——虽然雄踞社交媒体首席的微博仍然坚挺，用户仍然习惯在微博围观、讨论，却在熟人社交上转向社交工具基因更显著的微信。

微博与微信是两个截然不同的应用，其差异基本等同陆地花豹和海豹的区别。微博以社交链条为信息链路，媒体基因始终存在；而微信的成长则建立在用户移动设备通讯录以及 IM 软件腾讯 QQ 的基础上，其"降生"的首要使命便是解决用户的社交问题。由于信息逻辑结构的不同，微博和微信对用户而言更像互补的两种应用，分别满足不同的需求。

2013—2018 年，微博的话语权在悄悄改变。

2013 年，微博的热门话题出现更显著的网友自主性，网友自主关注和触发的话题力度与比重发生翻天覆地的变化。2013 年的微博热门话题有"雾霾——你在我面前我却看不见你，这就是距离"（气候与自然现象），"雅安地震事件——明天和意外不知道哪个先来"（天灾与人文关怀），"延时退休——有人拍手叫好，有人叫苦连天"（人力资源和社会保障触发的热门讨论），"王菲离婚——相聚离开都有时候，没有什么会永垂不朽"（娱乐），"河北廊坊三千学生罢课怒砸食堂"（未成年人在校餐食），"扫桥爷爷——右安门文明之星、'北京榜样'特别奖、'中国好人'"（正能量），"爸爸去哪儿——为什么没有妈妈去哪儿"

（新时代亲子关系与娱乐）。回顾以上热门话题，我们可以发现，在话题内容结构与发起者视角，官方媒体或准官方媒体的比例明显降低，且除了"王菲离婚——相聚离开都有时候，没有什么会永垂不朽"属于娱乐内容，其他热门话题均具有社会效益和人文效益，这种变化来自微博网友自发。微博网友从带着"追星"或"围观精英"的目的刷微博，逐渐过渡到站在更理性的社会角色立场，将刷微博视为日常。也就是从 2013 年开始，网友的话语权侧重更多元、更多边，称之为多元是因为网友不再只盯着娱乐明星，称之为多边是因为基于普众话题的多向观点交流逐步常态化。

2014 年，相当比例的网友开始尝试在微博表达意愿或建议，因为事实证明，微博不仅是内容平台，只要愿意，任何个体都可以参与社会形态的共建。同样，2014 年也有热门话题榜单，篇幅原因，笔者着重提两个于互联网精神有重大意义的话题。第一个热门话题是"冰桶挑战"。这项挑战源于渐冻人①公益项目，大量网友上传自己接受"冰桶挑战"的视频，表达对渐冻人公益事业的态度和支持。"冰桶挑战"是中文互联网社交媒体领域第一次有如此大规模的现实场景群众参与的话题。也正因为微博的存在，百万千万级的"冰桶挑战"参与者出现在同一个平台的同一个话题中，共同传递人文支持的诉求。第二个热门话题是"马航

① 肌萎缩侧索硬化，又名渐冻症，是一种慢性神经元性疾病。

空难"。如果说之前社交媒体的形象是关注娱乐与热点，"马航空难"则给人们带来了沉甸甸的思考。空难发生后，很多人都在关注航空出行安全，都在为失联的同胞祈福。通过 2014 年热门话题指向性的变化，不难看出，微博网友开始拒绝纯粹意义的娱乐，也不甘在社交媒体平台扮演主流观点的听众，展示了新时代互联网最真实的自我画像：可以娱乐，但不纯粹娱乐，人文和社会态度更重要；可以围观，但不纯粹围观，相比较当听众，更希望成为参与者！

2015—2016 年，微博的热门话题包括"被污染的学校""南海主权""女排夺金""打拐热线""巴黎恐怖袭击""叶良辰""全面两孩""邢台遭洪灾"等，我们不难发现，网友关注的方向同样去中心化，涉及面与颗粒度继续裂变。而且值得庆幸的是，这些话题中除了"叶良辰"属于中二生活化恶搞，其余话题均具备政治价值、经济价值、社会价值等。

2016 年 10 月，微博有 45 个垂直领域的阅读量都超过了 10 亿次，超过 100 亿次的有 18 个领域。粉丝经济、网红电商与微博互相实现了商业价值。①

另外一则发生在微博公司治理方向的重大事项不得不提。2013 年 4 月，阿里巴巴以 5.86 亿美元收购了微博 18% 的股份，

---

① 阿信：《微博十年：从郭美美到翟天临，全民围观改变了什么?》，微信公众号"中信出版"，2019 年 8 月 14 日。

并且投资条款中约定，阿里巴巴可以有条件增持微博股权上限不超过 30%。这笔投资对双方都意义重大，一是 46 次投资谈判可见双方的谨慎与重视；二是阿里巴巴打通了中国第一大社交媒体的流量，为淘系电商提供淘外流量，很大程度上缓解了商户流量获取难的问题。此时，距离 2022 年阿里巴巴退出微博还有 9 年。

阿里巴巴收购微博股份后，微博短短数月便推出"微博淘宝版"，即以账户后台打通的兴趣数据匹配模式，为淘宝商户供应流量。这笔买卖堪称双赢，从阿里巴巴视角看，解决了"社交流量是否可能转化为电商流量从而威胁阿里巴巴商户生态"的根本担忧；从微博视角看，这笔买卖是实现商业化的重大增项。要知道，2012 年微博年报数据尚未充分盈利，阿里巴巴提供的助力不仅是数亿美元的现金，更是商业化的关键基石。

互联网观察者的遗憾在于，本想看一场社交流量电商化是否有机会撼动传统电商零售领先地位的博弈，结果看到的是社交流量与电商携手，PK 变成了协同。这档子事儿有点像拿着瓜子、辣条、可乐坐在体育馆前排等着看拳王争霸对决，着实没想到两大拳王登台后，就在众目睽睽之下"斩鸡头、烧黄纸"拜了把子。

此为一记。

从社交媒体创新，到社交媒体创新性应用（2017—2019 年）

随着阿里巴巴与微博开展合作，越来越多的品牌开始意识到，既然微博可以用于电商引流转化，那么在商业理论层面应该还有更多可能性。于是，许多品牌都在疯狂测试微博如何助力品牌传播与社交运营业务。

2017—2019 年是缤纷而璀璨的年代，朝气蓬勃，百舸争流，微博和品牌营销的大量玩法得到探索、尝试与论证，其中值得观察的现象是不同行业在微博价值探索的周期存在巨大差异。这种差异的存在，一方面在于品牌本身的资源投入和创新尝试，另一方面在于品牌所在行业的业态特征。由于不同行业需要解决的问题链路不同，因此找到的微博创新玩法的时间点亦不同。

2017 年对微博而言并不寻常。其第一季度财报显示，2017 年 3 月微博月活用户达 3.4 亿，成为全球用户规模巨大的独立社交媒体公司。因此，众多的品牌雄心勃勃，想在微博耕耘出一方天地。

社交媒体的创新性应用，先驱者不是平台，不是内容创作者，也不是品牌，而是千千万万投身微博新奇玩法的网友们。有几个现象值得一提。

其一，2017 年的微博一度被"偶遇"包围。最初被网友晒在

微博的"偶遇"是演员林更新在网吧打游戏，后来演员杨幂又被
网友偶遇拍到与工作人员逛街……人们欣喜地发现，利用线下场
景反哺微博构建话题性内容是一个极有趣的玩法。笔者无从得知
这种玩法是不是给快消品牌提供了灵感，2017 年微博与可口可乐
的联名瓶一时间成为畅销款。

早在 2013 年，可口可乐的昵称瓶玩法就揭开了快消包装瓶
内容化的大幕。之后的若干年，歌词瓶、心情瓶等内容重构快
消包装瓶的创新数不胜数。微博微钱包和可口可乐昵称定制瓶
的合作关键词是定制与闭环。在微博上定制一瓶属于自己的可
口可乐，从线上微博定制瓶子到线下消费者收到定制瓶，继而
通过消费者拍照分享又回到线上，O2O 模式让社交推广活动形
成一种长尾效应。①

这种尝试于互联网公司和快消品牌来说，具有相当的领先
性。要知道，在微博和可口可乐的昵称定制瓶走向市场之前，
快消公司更多尝试的是互联网超级内容制作包装；而本轮商
业实践中，用户可以在微博上定制自己钟情的昵称包装瓶，
无疑在内容商品化打通了运营供应链层面，提供了翔实的创
新实践成果。其中更值得称道的是，商品被一抢而空的时间
越来越短，且消费者回过头为微博生产了更多的关联内容，
真正意义上帮助商品在"商品即内容，内容即商品"方向迈

---

① i博导：《从案例到实践，2017 最新微博营销精品课》，搜狐网，2017 年 6
月 30 日。

出一步。

其二，电视剧与综艺以肉眼可见的增长速度融入微博生态。广播电视受众研究机构索福瑞的《2017 微博电视发展报告》显示：2017 年上半年，中央级频道及省级上星卫视播出新综艺 99 档，其中 88.9% 与微博建立合作；中央级频道与省级上星卫视播出新电视剧 120 部，其中 67% 与微博建立合作。视频网站新上线网络综艺节目 69 档，其中 90% 与微博建立合作；视频网站新上线网剧 185 部，其中 73% 与微博建立合作。还有相关数据显示：2015 年上半年，国内 TOP30 电视综艺在微博获得的阅读次数占比为 79%，到 2017 年上半年，占比进一步增至 85%；TOP30 电视剧在微博获得的阅读次数占比也由 2015 年的 45% 增至 2017 年的 93%，涨幅超过 100%。其中，TOP3 的综艺及电视剧内容在微博的观众规模、阅读量增长更加明显。

在此内容生态增量过程中，微博连接的是综艺和电视剧的娱乐明星、节目与粉丝三大主体，综艺、电视剧依赖微博连接娱乐明星的粉丝，并且将综艺、电视剧的内容深度融入与粉丝的连接中，粉丝通过获取综艺、电视剧的娱乐明星信息与情节信息等满足自身的娱乐需求。由于中文互联网仅有微博具有如此规模的娱乐明星与粉丝集中度，当仁不让成为综艺、电视剧从预热到发布、播出的主场。更值得瞩目的一点在于，综艺、电视剧开始不满足于通过微博向粉丝传播内容从而提升收视率和关注度，而将微博的粉丝触达行动过程视为衡量综艺、电视剧影响力的重要指标之一，写入综艺、电视剧招商方案，形成商业价值的组成部分。

微博和内容产业的双生优势似乎得天独厚，优质内容将微博作为宣发的首要途径，也同样为微博带来可观的流量回报。以2017年为例，《战狼Ⅱ》《人民的名义》等影视作品均在微博有过用户高度关注并参与讨论的盛况。显而易见，就内容产业而言，微博就是正面阵地。

2018年的《我不是药神》引发了善恶观的讨论，金庸去世引发了华人文化圈的集体缅怀；2019年的翟天临事件引发了学术严谨性话题的讨论，辽宁大连沙河口未成年人杀人事件引发了未成年人犯罪法理性话题的讨论……类似的情况还有很多。

作为社交媒体的微博正在产生越来越多的创新性应用场景，除了印象深刻的商业应用创新，还包括舆论讨论、文化传承、经典致敬、人文关怀……或许创新应用场景是由网友在不经意间推动形成，或许创新应用场景只是现实生活场景的折射与掠影，但就在这样无数次潜移默化的过程中，微博渐有海纳百川的交流盛景，盛景越发细颗粒，颗粒越发粉尘化，粉尘化到每个用户都可以在微博找到自己想现场观聆的舒适座席。

总有一种感动，名曰热泪盈眶（2020—2024 年）

时钟回到重大公共卫生事件骤然爆发的 2020 年 1 月，谁都不知道，这场突如其来的事件将给未来带来什么。

2020 年，值得铭记。一个伟大的民族，一个从未被历史上任何天灾、战乱、病疫击败过的民族，不知不觉开始了最高级别的动员。

重大公共卫生事件面前，全国人民众志成城，社交媒体在此期间起到极关键的作用。这不仅是微博社会担当在面临重大挑战时的升级，也是广大网民在疫情面前对主流社交媒体的依赖。

艾瑞咨询与微博联合发布的《2020 年疫情下的中国社交媒体价值分析报告》（以下简称《报告》）指出，受疫情影响，2019 年 12 月至 2020 年 2 月，微博月独立设备数持续走高（见图 1-1），迎来新一波发展机遇。

微博月独立设备数量在短期内的快速攀升，映射的是网民的下意识行为，即需要更广泛的多方位资讯就立刻登录微博查找。

从《报告》披露的信息可见，截至 2020 年 2 月 26 日，5120 万微博用户已累计发布 3.5 亿条疫情相关内容。

这或许就是微博的隐形特征。由于用户总是习惯从体验视角

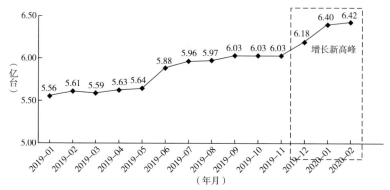

图1-1 2019年1月—2020年2月微博月独立设备数变化情况
来源：艾瑞咨询、微博《疫情下的中国社交媒体社会价值研究报告》。

审视微博，很少有窥其全貌的机会，因此，当重大公共卫生事件来袭时，微博开启全速模式，才展示出令人咋舌的社会效益。

内容侧："微博兼具文字、图片、短视频、直播等多类型表达形式，依托于微博社交平台的公共性和功能的多样化，每位微博用户都能够成为信息生产者和消费者，人人皆可发声，人人皆可被看见，共同构建欣欣向荣的UGC内容生态，根据用户的切身需求不断自我优化迭代，丰富内容体系。"

功能侧："一方面，热搜、热门微博功能不断强化公共话题的挖掘扩散优势，广场式社交属性使微博成为天然的公共议题中心；另一方面，微博'转、赞、评'功能构建用户互动的最低门槛，为去中心化社交关系裂变传播建立基础。"

正如《报告》评价的那般，"微博通过内容和功能特性成为我国公共议题中心和最佳社交传播媒介，在此次疫情中发挥信息中枢作用。"

在 2022 年的上海，微博同样是热门应用。封控在家的市民希望用微博获取外界的信息，也习惯用微博记录自己在家的生活与情绪历程。

微信公众号"北师大心理学部 MAP"发布的由 BACer 撰写的《疫情之下，现代化大都市的群众都在关注什么？——基于微博的话题追踪研究》一文中，将"上海疫情"设定为关键词爬取微博正文，进一步使用 Python 分析文本中的情绪词汇，进而分析封控期间的市民情绪。2022 年 3—6 月市民情绪变化微博数量统计如图 1-2 所示。

总计	3月22日	3月23日	3月24日	3月25日	3月26日	3月27日	4月9日	5月11日	5月12日	5月14日	5月17日
6361	8	36	1437	758	61	1672	20	777	1	483	1108
情绪均值为消极情绪时的微博数量											

总计	4月7日	4月8日	5月1日	5月7日	5月10日	5月15日	5月18日	5月19日	5月23日	5月26日	5月30日 至6月5日
17445	215	58	1098	1361	1893	1515	1039	1238	1188	1435	6405
情绪均值为积极情绪时的微博数量											

图 1-2 2022 年 3—6 月市民情绪变化微博数量统计
来源：微信公众号"北师大心理学部 MAP"。

笔者想从这篇文章中解读两个信息：其一，公众使用微博记录生活或表达情绪已经是共识；其二，微博有着极其广泛的应用外延，学术研究亦为其中一项。本书后续章节会记录微博出现在无数学术研究中的若干信息、现象与思考。

疫情终将过去，而微博也已成为许多人日常生活的组成部分。

倡导社会关怀、守护人类健康的例子在微博并不罕见。北京眼科医生陶勇于 2020 年 1 月 20 日遭遇暴力伤医事件，3 个多月后，这位勇敢的医生重新回到工作岗位，并且在微博继续普及眼科知识，并获得网友的强力支持。

这里不得不提关注公益事业的渐冻症抗争者蔡磊。2019 年，时任京东副总裁的他确诊患渐冻症，随后便将全部精力投入渐冻症药物研发工作，并且通过微博积极倡导渐冻症防治事业。几年过去，渐冻症不断蚕食这位斗士的健康，而他不遗余力地投身渐冻症公益事业，赢得了网友的极大认可与支持！

类似的故事还有很多。在微博，故事不仅属于故事主人，而且属于数以亿计的网友朴素的情感共鸣；在微博，故事不仅代表一段情节记录，而且代表一个个鲜活的人生以及背后的价值追求。

这很微博——一直存在，却又让人恍若意识不到它存在；当你任何时候需要它，它始终都在。

话语权与非权

Michel Foucault 着实是百年来社会史的学识猛人。生于1926 年的他，在思想史学、哲学、医学、语言学、社会学均有相当高的建树。就是他，将权力和话语进行挂钩与研究，他认为，语言是权力的表现形式，并且在社会各层面有所渗透与体现。

Foucault 之后若干社会学研究者的文献中，可以找到关于话语权的思考与探索，但中国学术界关注话语权的时间较晚，到 20 世纪 90 年代中期才开始研究。

论社会学的学术造诣，笔者根本不足以与先驱巨人相比，但仍希望对本书范畴内的话语权进行一定的诠释与解构。

话语权是一个名词，而表达的含义通常被应用于主体之后，也就是作为联动词汇，出现国家话语权、民族话语权等话语发声主体不同的释义。既然常用语言中存在发声主体，那么就意味着话语权的释义包括三重要素：

其一，话语发声的主体——谁发出了话语？话语发声的权力属于哪个主体？主体是唯一且固定的吗？主体发出的声音统一吗？

其二，话语发声的权力稳定性——话语发声的主体权力稳定吗？这种权力的交接、让渡或轮流掌握源于什么机制？话语发声的权力具有单边性、双边性还是多边性？在话语发声权力变化过程中，带来的变化是什么？

其三，话语发声权力对面的客体是谁？——这是一个容易被话语权研究忽略的问题，话语权的对面即可被话语者是谁？聆听话语，代表的是话语发声权力对被话语者的何种影响施加？

上述仅罗列问题，本书不展开讨论，本书的责任范围是回到社交媒体问世以及微博给中文互联网带来巨大变革的时代，观察、记录、审视话语发声权力的具象、映象和整个周期的变化。

个体都应有发声的权力，这一点并不存在异议。人们广泛关注与讨论的是这种发声权力背后存在的边界与范围，"非权"与否的讨论也并非专注于讨论"权"的是非问题，而是希望在立足于"权"的程度上，探索话语权的界定与判驳的范式。

显而易见，与数字互联网共生的社交媒体，是触发话语权位移和让渡的最重要原因。如图 1-3 所示，虽然大众对言论应受法律法规与公序良俗约束有共识，但数字互联网上的这种认知存在偏差、区别、混杂与争论，因此，互联网话语权相关的立法治理仍然需要时间探索与论证。

话语权在特定边界内或许是未知项，但这并不妨碍社交媒体带来的话语权从纯粹意义的公权力转化为公权私权并立的复合权力场。这一权力场的话语权拥有者数以十亿计，每个话语权拥有者站在自身的立场，对不同话题有着不同的话语权重，从而行使匹配立场的权力。

社交媒体话语权拥有者最常见的 4 种立场如下。

其一，现实权力者立场。现实权力者或权力部门拥有社交媒体的相对话语权，最常见的为社交媒体上的政府职能部门或官媒账号，其公开发表的言论通常代表政府职能部门的态度。

其二，专业知识拥有者立场。专业知识拥有者在其专业知识

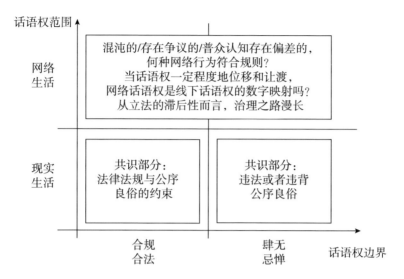

图 1-3　话语权范围与边界四象限模型

范畴，有其社交媒体的对应话语权。以重大公共卫生事件为例，更具有话语信服力的永远是流行病领域的医务工作者，而不会是水电工、动漫作者或段子手。

其三，信息掌握者立场。因拥有更多接近真相的信息而掌握话语权。有一种情况非常常见，对于娱乐明星等消息，社交媒体上"有图有真相"之类的信息掌握者，由于其信息更接近真相，更容易赢得话语权。

其四，距离权力更近的话语权者立场。通常，在判断力、解读能力和预测能力接近的基础上，越接近核心权力，越能掌握更大的话语权。举例来说，类似"×××课题组专家披露"，这类课题组一旦正在执行重大行政决策拟定的工作任务，便很容易赢得超出常人的话语权。

上述话语权的立场解构要鸣谢南开大学韩景丰教授。大约 10 年前，笔者参与国际注册营销师课程时，韩教授在权力的解析环节运用了上述模式。笔者尝试以此逻辑解析社交媒体领域话语权的立场，感觉同样适配。

社交媒体话语权的 4 种立场，本质上可以视为话语权主体从话语权到驱动力的位移，即何种立场最终在何种维度呈现于话语权受众的行为驱动效能。

下面，让我们尝试用一个较为简单的分类模型解析话语权到驱动力的问题。

首先，我们将话语权定义为话语主体对客体通过话语施加结果的权力或能力，即不同的话语主体对话语客体施加影响且导致不同结果的能力或权力；其次，我们将驱动力定义为当话语主体对话语客体施加影响且触发不同程度的结果时，话语权客体的"被施加"体现在不同维度的行为，从而映射到话语主体对话语客体的驱动力。

如图 1-4 所示，笔者尝试将话语权按照话语主体专业程度、话语客体理性程度和话语主体影响力程度进行拆解，分别对应的是"话语主体（发声者）是否拥有话语领域的专业知识或经历""话语客体（聆听者）是否拥有充分理性的态度理解与解读话语"和"话语主体本身的影响力"。按照不同维度的高低可以推演出 8 种不同的交叉映射区域。

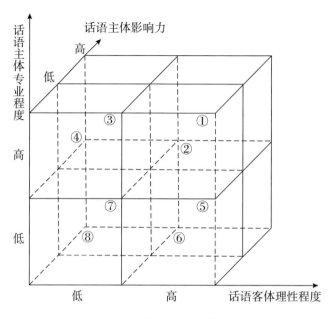

图 1-4 话语权模型

情况①。举例来说，医学科研专家以国家院士身份发布前端科研成果，由于其在医学领域有极强的专业知识和丰富的经历，且能通过医学领域影响力极大的专业媒体，对本就具有理性思维的医学从业者发声，则其赢得认可的可能性最大。

情况②。仍然以①为例，如果医学科研专家隐去国家院士身份，以一个寻常的医学爱好者身份发布前端科研成果，则其赢得认可的可能性会显著降低。

情况③。专业程度极高的话语主体即便有极强的影响力背书，其听众也可能是缺失科学思辨精神的人。这种情况下，即便话语主体的专业程度及影响力有保障，仍然将面临一地鸡毛，类似情况在互联网上非常常见，许多人并没有充分解读信息的理性态度，仅以个体利益判定话语是否可以接受，具有代表性的是每次有所谓专家建议全民免费医疗或教育，都会有成百上千的网民排队表扬"这才是专家"，而完全无视全民免费医疗或教育是否属于现阶段公共财政可以启动且能运行的。

情况④。即便话语主体在话语领域具有较强的专业能力（知识或阅历），但当其隐去专家身份，以普通人出现，则结果多半会面临大量所谓民间医学爱好者的挑战或质疑，赢得认可的可能性显著低于情况①和情况②。

情况⑤。情况⑤意味着不但话语主体拥有极大的影响力，话语客体也具备理性的判定态度，但话语主体在话语领域不具备专业知识或阅历，此情况常见于商业代言或商业传播，品牌聘请的代言人非品牌所在领域的专家，但由于有其影响力背书，理性的话语客体在购买决策层面仍然会给予相对的倾斜。举例来说，某艺人影响力极大，其受众也以知性人群为主，即便该艺人强于歌舞才艺而非移动智能手机的专业参数研究，当其以个人使用体验给出代言态度时，理性的话语客体会意识到类似的个人使用体验也是自己需要参考的消费者证言，从而在购买决策时对艺人代言的智能手机品牌有倾向。

情况⑥。情况⑥意味着话语主体在话语领域内不具备专业知识或阅历，也不具备相应领域的影响力，当话语客体具有较高的理性程度时，会对这种发声有相对理性的判断。例如，当一位理性的人听到一位没有任何身份背书的网友大力推荐某品牌商品时，其判定阈值会根据其理性程度作出直观调整。

情况⑦。情况⑦意味着话语主体影响力的强大，当话语主体在话语领域不具备高专业度，而话语客体也不具备较高的理性程度时，仅凭话语主体影响力仍然可以获得相当的效果。有一真实案例，一位商业大咖在其经常发声的公共管理领域并不具备专业知识或阅历，且其身份其实与发声领域并无交集，但由于其名校教授身份的加持，其言论在缺少证实证伪习惯的网民身上仍然有极强的话语效果。

情况⑧。情况⑧或许略有极端，意味着话语主体就是匿名人士，其在发声领域不具备专业性，话语客体也没什么理性态度可言，于是这类情况的结果或喷子对掐，或盲目吹捧，基本很难按常规逻辑进行预测。

下面让我们尝试将视线从话语权转到对话语客体的驱动力，仍然将驱动力进行结构性维度拆分，依次拆分为专注力、影响力和行动力（见图 1-5、图 1-6）。

话语主体的影响力是指不同程度话语权的话语信息将给话语客体留下不同程度的记忆或印象。例如，明星代言的产品能给人们留下更深的印象；同样，行业专家的发言也会给人留下更深的印象，尤其在有重大事件发生时，相关专家的言论很容易被人们记住、讨论、传播。

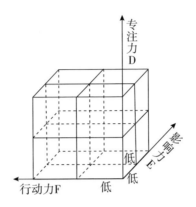

图 1-5 驱动力模型

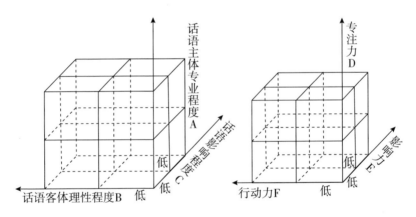

图 1-6 话语权到驱动力的转换模型

话语客体的专注力是指在输出信息时拥有不同程度的话语权所获得关注的程度。举例来说,人们日常会接收各种信息,其中具有影响力的行业专家给出的专业意见将获得更高的关注。当然,话语客体的专注力也同样和当今的信息传递形式有极大的关联,例如,人们休闲时玩手机和在认真收集知识或信息状态下的专注程度截然不同。

　　受众行动表现是指在话语权的驱动下，受众更容易出现趋同行动，该趋同在于话语权驱动的效能。例如，在强话语权驱动效能下，消费者会在超市购买其受到影响的商品。驱动力模型是结果模型，即将话语权作用力进行驱动效能结构解读，因此，驱动力模型与话语权模型不同，不具备自变性，通常就话语权实施的效能映射在驱动面，并且从驱动面解构中获得维度坐标，进而形成可能的量化统计结果。伴随互联网的发展，话语权逐步从传统媒体向新媒体转移，从专业人士向普罗大众转移。于是大量自媒体出现，如抖音创作者、小红书 KOC（关键意见消费者）等，这既体现了话语权的平权过程，也提醒我们在多个阶段、多个产业、多种过程中不断论证话语权的作用力。

　　话语权领域有"高塔"，有"中心场域"，且每个存在于话语权场域的主体或群体之间的关系是生态协同而非对立的。

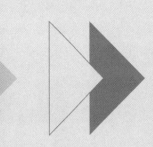

第二章

指缝之间的记录拒绝流走

用户之瞳——兴趣与关注融汇的常态体

微博 2023 年年报数据显示，微博月活跃用户达 5.98 亿，同比净增 1100 万，日活跃用户达 2.57 亿，同比净增约 500 万。微博与大浪智库联合发布的《2023 微博年轻用户发展报告》披露，截至 2023 年第三季度，16~22 岁的月活跃用户超 1.3 亿。与此同时，微博用户似乎完全不存在高线低线城市的区隔，微博全面覆盖一线城市到四线及四线以下城市，妥妥是国民级社交媒体应用。有趣的是，年轻用户的微博使用习惯并不存在显著的波峰波谷时间差别，从早晨 5 点左右开始，年轻用户的微博活跃曲线开始上扬，在午间攀升到最高点，随后一路稳定到 23 点左右（见图 2-1）。换句话说，年轻用户可能并不带目的性地刷微博，而是随时随地打开微博（无论是看新闻还是发图文等）。

用户划分有无数种方式，如以人口统计学的分类口径，可划分为不同年龄、不同性别、不同收入、不同城市、不同教育

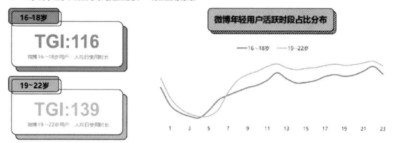

图 2-1　微博年轻用户活跃时段占比分布
来源：微博、大浪智库，《2023 微博年轻用户发展报告》。

程度等。本节，笔者想换一个分类口径，从用户使用微博的需求导向探讨一个趣味性问题——在用户眼中，微博是用来干什么的？

通过大量的数据结构化分析和若干篇幅的行业报告解读，本书将用户的微博使用动机划分为 6 类。

其一，兴趣关注与交流。

兴趣关注与交流是社交媒体时代与 Web1.0 时代最大的差别，用户可以根据自己的兴趣实现信息源的关注及交流互动。请注意，兴趣关注与交流的含义构成包括两大基本因素：兴趣关注与交流互动。

回顾互联网的发展历程，早在 Web1.0 时代，兴趣关注的功能便早已实现，最初的兴趣关注功能开发是基于大量用户认为自己没时间在资讯门户网站上花费大量时间浏览新闻，每个人都有自己的兴趣点，而资讯门户网站对信息颗粒度的切割分类相对粗线条，常常只是以频道作为区分。于是，经常出现这种情况：某一用户感兴趣的是南北朝历史，可该用户即便在资讯门户网站历史频道，也仍然需要花费时间在海量信息中逐步筛选标题，寻找自己感兴趣的相关内容。后来，原始意义的兴趣关注产品具象化为邮件定向订阅，即用户可以使用资讯门户网站的 XML 代码或 Feeds 代码订阅自己感兴趣的频道，每日收到相关频道的邮件推送；或者在 RSS（Really Simple Syndication，简易信息聚合）阅读器应用中指定关键词，阅读器应用会在指定的若干资讯门户网站爬取与关键词相关的内容，呈现在阅读器应用中。纵观人类互联网历史，Google Reader 是最强大的 RSS 阅读器之一，功能齐全简约，广受订阅者喜爱。可惜的是，2013 年 Google 为保障 Google Plus 的用户聚焦而关闭了该应用。

时过境迁，回顾兴趣关注的历史会发现，无论是邮件订阅还是 RSS 阅读器订阅，本质都是只完成用户兴趣的定向内容集成，减少用户筛选时间，并未提供丰富且有效的用户交互功能，即用户可以使用当时的兴趣关注产品获得资讯，却无法发出自己的声音，就像躺在打谷场听村支书用村广播站大喇叭做秋收动员，自己对秋收可能很感兴趣，却没法和村支书讨论秋收农忙阶段农用机械的科学保养问题是否执行到位。

兴趣关注与交流是微博用户的基本需求，用户可以按照自己的喜好关注微博博主，博主可以是明星、段子手、资讯媒体或博物馆等，用户能分别了解明星八卦、段子手创作内容、近期热门新闻以及博物馆近期是不是有值得看的展览等。上文提到过，微博用户的兴趣关注和交流与上个时代的产品单边接收信息不同，网友可以使用转发或评论等功能发表自己的看法或发问请教，可以表达祝福或表示不满。交流带来的立体信息结构，让每个人都是关注者、发言者、围观者、参与者。

其二，记录。

相当比例的微博用户是真正意义上把微博作为迷你博客使用，记录生活、记录心路历程，或许是偶见一江春水，或许是踏足一间装潢精美的咖啡馆，或许是记录加班工作的疲劳，或许是记录与家人的旅行。记录生活的微博用户，本身更在意的是记录行为本身，可以将生活中的美好以点滴文字、图片和视频留下。

其三，时事参与。

新闻资讯的区域化、垂直化，通过社交媒体传播源，延长了Web1.0时代的辐射半径，有更快的传播速度与更宽的广度，在此情况下，相当比例的用户习惯将微博作为"参政议政"或"时事讨论"的阵地。这里所指的"参政议政"或"时事讨论"为中性词汇，既包括对值得表彰的正能量信息表达赞扬，对需要批评的社会不良现象进行抨击，也包括对存在争议的事物表明态度。

此外，对微博用户而言，其参与时事讨论的愿望可以通过在微博观察事态的发展过程实现。以 2023 年热极一时的淄博烧烤为例，这是一则网红城市通过社会化媒体让公众产生新认知的标杆性事件，从淄博烧烤引起注意，到淄博市行政职能部门全力以赴提升旅行者旅行体验，再到大量旅行者抵达淄博分享真实体验，相当规模的微博用户全程跟进，其中部分人在跟进过程中被"种草"，继而踏上"拔草"的行程，成为品尝淄博烧烤的一分子。

其四，寻求公众视角的客户服务与权益维护。

作为自然人的微博用户如果遭遇维权不顺利的情况会如何？很多微博用户都将社交媒体平台视为维权的渠道，通过在微博上"艾特"侵权者、消费者权益保护部门及有影响力的"大 V"等，陈述事情经过与诉求，博取更多的关注。由于微博具有公众性与社交裂变性，可以将维权过程呈现在社会监督面下，敦促陷入僵局的维权过程持续推进。

其五，扩大视野边界。

很多微博用户由于不希望自己与外界脱节，养成了稳定的微博使用习惯。

根据兴趣关注形成用户画像，然后根据用户画像匹配用户关注或可能感兴趣的信息并推送的微博内容推荐机制，能够使用户在长时间使用微博时，既不会浪费海量时间在无价值的信息上，也不会受困于信息茧房，信息边界会在动态逻辑规则下不断优化与扩大。

举例来说，某用户长期关注北京地区的动漫展信息并经常参与相关话题互动，于是平台根据类画像会为其推送值得打卡的北京动漫圣地（如主题咖啡馆或主题乐园），使其找到更多适配自己的信息，而不会为其推送荷兰豆的 6 种烹饪方法或夏季穿搭技巧。当然，这仅仅是一个例子，在现实数字化社交媒体平台的类画像算法面前，决定某一位用户看到什么推送信息的逻辑要复杂得多，与微博始终坚持以关注流、以用户关系为先的产品策略密切相关。

其六，内容追更。

对于可持续跟进的内容或系列内容，用户能够通过微博进行长期跟踪以获得最新进展或信息。以近年来颇受欢迎的综艺节目《一年一度喜剧大赛》为例，从每一季赛事筹备的预热到参加节目艺人的公布，从每一季剧透或片花的发布到精华内容的回放，对该节目的内容追更者而言，可以通过微博订阅长期跟踪节目进度，即便在每季的间隔期，也都不会遗漏下一季的揭幕信息，而且可以通过微博随时与参加节目的艺人互动，及时表达自己的态度。

类似的现象普遍存在于微博用户的内容追更场景，既包括热门综艺节目，也包括在线视频网站逐集播出的电视剧，从筹拍立项、拍摄、后期剪辑、排期上线的电影，都有大量微博用户关注。

用户使用微博的目的多种多样，微博既可以是社交生态内的私人空间，也可以是社交链路上的集成分发环节。不过无论出于哪种目的，微博用户与微博间的关系稳定而持续，通常维系这种关系的主要目的性会在微博用户日常行为中呈现中高频特征，而次要目的性则会伴随需求而阶段性触发，这构成了用户眼中微博多元、立体的形象。

媒体之瞳——竞争与共赢掺杂的综合体

作为社会化媒体平台的微博，同样具备来自媒体同行立场的审视。媒体同行基本可划分为两类：一类是真正意义的传统媒体，媒体介质限制了其在数字化时代的价值升级与迭代；一类是互联网时代的原生媒体，这类媒体本就诞生于数字商业时代，在基因层面便具有快速应变创新的可能性。同为媒体，这些媒体与微博之间均存在竞合关系，这种竞合关系远不止商业模型层面的 Yes 或 No，而是复杂、兼容、竞争与共赢的综合体。

这里，笔者先具象化一个媒体内容能力的结构，所有内容媒体能被称为能力的仅有 3 个要素，分别为内容生产机制、内容载体、内容触达。进一步用非学术语言表述，可以如此理解：

内容生产机制，即谁生产内容？谁负责内容生产中从选题策划到内容生成的过程？内容生产机制中每个角色做哪些工作？每项工作分别承担什么，获得什么，彼此如何协同？如何保证内容生产全过程具备内容竞争力？

内容载体，即什么载体承载内容，图文、短视频、长视频还是 H5 互动页面？内容载体沟通用户的目的性是否能通过数字载体达到效能最大化？

内容触达，即用什么媒体平台触达受众？以媒体平台的什么内容形式触达受众？受众与内容触达的关系是单边、双边还是多边？内容触达对受众来说除了接受信息，还具备其他意义吗？

下面让我们回到微博生态内媒介的立场，媒体如何审视微博？微博代表何种意义？从上述媒体内容能力 3 要素解析中我们会发现，微博中的媒体类型可以被划分为几类，每类媒体与微博的竞合关系都有所差异；同时，微博对媒体的价值也有所不同。

第一类是传统音视频媒体。

如果一定要说数字媒体壮大动了谁的蛋糕，那无法规避的就是传统音视频媒体的生存状态变化。在数字媒体广泛普及前，传统音视频媒体的民众渗透率非常高，此现象并不难解释，我国的音视频媒体几乎可以直接等同于文化广告，具有喉舌效能，并不需要厮杀在充分竞争市场。当数字媒体出现，电视的使用率大幅转移到手机上，传统音视频媒体的生存压力可想而知。

好在绝大多数文化广告体系的音视频媒体早就找到了数字媒体时代的活法，基本可以归纳为"一纵一横"。纵者，即纵容无视，既然传统音视频媒体的颓势无法阻挡，那么一些传统音视频媒体认为只做好分内事务即可，在科技迭代的巨潮前不妨敛了对抗之心；横者，即积极利用，几乎所有传统音视频媒体都使用数字互联网作为价值衍生的工具，但由于相关规定，传统音视频媒体的内容无法在互联网肆意播放，所以，传统音视频媒体更习惯利用社交媒体进入互联网受众沟通环节。

对传统音视频媒体而言，微博具有 3 大功能。

其一，扩大媒体受众。虽然传统音视频媒体的内容可能不能在互联网上完整播出，但数十万甚至百万级、千万级的粉丝是真金白银的受众覆盖，对传统音视频媒体的商业化有巨大助力。

其二，获得受众的反馈。没有社交媒体的时候，传统音视频媒体和受众的互动基本是通过电话或寄信，前者具有线路有限的痛点，后者具有延迟性。而微博作为传统音视频媒体互动反馈的窗口，能毫无障碍地兼容巨大量级的微博讨论，传统音视频媒体因此能获得更多受众反馈。

其三，获得新闻采编素材。近年来，我们经常在互联网上看到"根据网友爆料"这样的字眼，没错，这意味着全体网友都可以是传统音视频媒体的信息线索提供者。微博对传统音视频媒体而言，犹如免费的线索池，能帮助其更快更精准地获取线索、素材，也从侧面优化了内容生产机制的部分效能。

第二类是纸媒（图书、报刊等）。

数字互联网的第一波红利出现在 2000 年，新浪、网易、搜狐三大资讯门户网站 IPO（首次公开募股）。在此之前，人们看新闻、找工作需要通过报刊，而资讯门户网站迅速获得用户的利器在于"看新闻不要钱"。

纸媒的强项是选题到成刊的机制性优势，从选题深度的结构性视角看，图书选题的深度大于杂志选题大于报纸选题，就算是选题深度结构性相对较低的报纸选题机制，都比当下许多所谓微信公众号自媒体的水平更高。然而，这是一条重新构建的制衡线，选题深度和结构性背后，意味着更复杂的工作机制、工作周期和更慢的反应速度。纸媒与互联网媒体每日多次更新资讯的速度相比，时效性完败。

不过，人世间哪儿有那么多人需要看深度选题？只要资讯时效性强，更新速度快，标题够吸引人，语句通顺，这就已经符合大众阅读资讯的基本要求了。于是，"看新闻不要钱"的数字媒体彻底压住了纸媒。纸媒这些年被逼到什么份儿上？10 年来笔者至少参加过七八个省份报业集团关于数字化转型的研讨会议，"纸媒数字化转型"已经成为长期的学术课题。

于纸媒而言，既然媒体的数字化趋势不可挡，那就不妨换一种方式看待问题，一份报纸能发行多少份？如果 100 万份报纸的发行量可以保障报社生存的话，那就可以通过社交媒体吸引100万名粉丝，理论上的广告招商受众面也可以和等量的报纸发行量形成对比。因此，许多纸媒在微博苦心经营账号，就算是部分已经停刊的报纸都在不遗余力地运营微博账号，目的就是变成"数媒"或"社媒"，这是一种内容信息价值的载体迁移。

第三类是原生自媒体。

无论创作者的背景是什么，微博都为创作者提供创作空间。基于创作者自身的内容构建能力，微博诞生过无数自媒体，这些自媒体以勤勉的工作能力与优秀的内容生产能力，借助微博的兴趣分发路径触达用户，增加关注度，渐而成长壮大，部分自媒体商业化或组织化的程度非常高。

对于这部分自媒体而言，微博就是原生的成长环境，自媒体的一切成长基因都是根据微博的规则与用户特性而量身拟定的，且自媒体多以个人、新兴工作室或文化传媒公司的形态存在，既不受传统音视频媒体机制的限制，又没有纸媒的历史经营惯性，在内容合规、尊重公序良俗的经营理念下，自媒体很容易在微博找到适配的成长空间。

对自媒体来说，连接粉丝的微博就像含有氧气的空气一样，极其重要，不可片刻脱离。

第四类是其他媒体。

这里所指的其他媒体包括在地铁、公交候车亭、高铁、机场等地出现的泛媒体类型。这些媒体在数字互联网时代面对的挑战是，当受众连走路都要低头使用手机时，受众根本不会关注这部分以曝光为卖点的泛媒体。于是，这些媒体开始努力从满足广告主曝光的传播诉求，转向满足受众互动类型的传播诉求，以微博为代表的社交媒体就成为包括事件营销、用户交互策略的刚性组件之一。

第五类是媒体方向的职能管理部门。

对包括内容监管、广告监管、户外安全监管等媒体方向的职能管理部门而言，微博既是向群众普及相关知识的阵地，也是政府发布政策与行政法规以及答疑的互动窗口，还是受理群众投诉、立项、治理的业务端口。

媒体方向的职能管理部门审视微博，很像是若干存在于营业厅的工作受理窗口，不同之处是具有宣传、答疑、受理等多窗口职能。由一个微博账号集成为公众提供服务，而且，这个窗口不用拿号排队，具有即时性与普及性的积极意义。

身兼数字媒体与社交媒体的微博，无疑与传统媒体和Web1.0时代的媒体存在代际差，存在驱动、延展、竞争、冲突、协同的多重立场。但经过多年的沉淀与摸索，优胜劣汰、适者生存的法则从未失效，在微博上找到合适角色的媒体的数字化转型进度可喜，而始终找不到合适角色的媒体或已消失。

品牌之瞳——价值与沟通糅合的生态体

1000 个品牌眼中，或许有 1000 个选择微博的理由，但可以肯定，这 1000 个理由或有千差万别，但究其根源，总是微博的场域可以服务于品牌，为品牌缔造商业价值和社会价值。而在商业价值与社会价值的运营过程中，微博场域的一些特殊性值得品牌关注。

其一，兴趣领域。

大多数社交媒体都有其人群社会学与人口统计学视角的侧重，例如，小红书强于美妆种草，自然而然女性用户占绝大多数；而类似 bilibili（以下简称 B 站）、知乎则有"钢铁直男"属性，男性用户占多数；微博则是由 40 多个垂直领域组成的平台，明星和许多其他领域的"大 V"在微博上晒照片，与网友分享生活，企业创始人和员工在微博分享信息和吐槽公司，电竞爱好者在超话中讨论战术和攻略，体育爱好者聚在一起议论比赛、约着打球，医生也在微博上讲述自己工作中的故事，普及健康知识……不同领域的人群在微博形成了各式各样的圈子，而用户也在圈子中找到了自己感兴趣的内容和同好。

其二，破圈属性。

　　中文社交媒体中，有且仅有微博是不存在话题边界的，任何话题在微博中都有讨论的价值。在微博场域，品牌很容易找到跨出品牌营销、走向社会形态融合的路径，品牌可以借势、跨界，可以发起任意的话题互动活动和粉丝愉快玩耍，可以从容表达品牌的态度与立场。这种社交媒体属性极其罕见，如体育方向的社交媒体中，品牌营销无非是围绕体育赛事话题，而很难做到体育话题与某省份美食无缝衔接；同样，女性导向的社交媒体中，品牌无法超越社媒场域进行螺蛳粉和自身的话题挂钩。但这在微博都存在可能性，脑洞多大，天花板就有多高，只要品牌敢想，就尽可以在网友脑洞逻辑中寻找兴趣结合点，就能在微博打出一片天地。

　　品牌如何审视微博？笔者与课题团队决定让品牌来回答这一问题，为此，笔者与课题团队拟定了问卷进行品牌主相关业务负责人的访谈，得到了具有相当参考价值的反馈。

　　问题一：您所服务的企业或机构，通常在互联网传播或企业经营管理中使用微博致力哪些业务？

　　薇美姿市场中心总经理胡珊认为，"内容营销、品牌与产品服务推广、舆情及危机公关、用户沟通与管理、数据系统分析"是薇美姿主要使用微博运营的业务。轻奢母婴生活设计品牌EMXEE嫚熙品牌营销中心总监林利鹏则表示，品牌在微博主要进行"事件营销、品牌发声、品牌曝光"。王老吉媒介总监兼品牌副总监及电商公司副总经理黄良水表示，王老吉使用微博源于："第一，品牌传播，微博是一个中心化平台，内容能够出圈，是我们的核心营销阵地；第二，微博是重要的品牌官方主阵地，我们在微博运营企业'蓝 V'账号，定期发布品牌相关内容，与消费者互动沟通，提升品牌美誉度；第三，新品营销，微博也是非常适合进行新品营销的平台，热搜、明星等资源能助力品牌新品快速出圈传播；第四，积累品牌社交资产，我们会通过官方账号与用户建立长期的互动关系，增强用户的品牌忠诚度；第五，微博有助于企业进行市场调研及公关宣传，在企业经营中扮演着重要的角色。"

从品牌的视角看，微博的业务场景较为广泛，聚焦的应用标签在消费者沟通，这种沟通可能发生在新品宣发时，也可能发生在事件营销时，微博主要在话题性和沟通性的业务场景发挥强效能。同时，几乎所有接受访谈的品牌都肯定了微博的数据价值和用户资产价值，这意味着微博在品牌眼中远不只是传播工具，还承担着消费者生命周期管理的重任，承担社会化顾客关系管理的重要职能。

问题二：微博在您所服务的企业或机构的日常业务中，提供何种助力？您对来自微博的助力如何评价？

小米集团公关部总经理王化这样回答："舆情监控可以很直观地了解舆情的萌芽、蔓延，掌握舆情趋势方便企业根据舆情烈度考虑响应手段；传播效果可以根据传播时间和用户反馈，及时了解传播声量，评估传播内容的效果，予以及时的方向调整或修正；微博是迄今为止企业在 ToC（面向个人）层面最开放的即时评估平台。"在王化先生的回答中我们发现，"即时评估平台"的表述代表品牌认识到本体与消费者的双向作用力，微博的社交媒体场域可以即时、动态地评估消费者的口碑与认可等方向的信息，助力企业精准决策。即时零售相关业务负责人丁海云女士认为："微博是节日、时政、娱乐、体育赛事等热点的聚集地，对即时零售的商业活动服务有重要的信息参考作用，诸如体育赛事、明星演唱会等各种活动在微博中的趋势体现，都会有助于产品组货备货、活动政策等运营策略的规划和调整；在公域，信息发布商可以将企业品牌活动、新品上市活动、促销活动等信息，在微博上通过'蓝 V'矩阵、明星达人合作矩阵进行传播；在私域的运营上，微博也可以作为与用户沟通的有效渠道，用户对企业服务的槽点都可以在微博中进行反馈，有助于我们不停地进行优化，改进用户体验和服务。"从丁海云女士的视角来看，微博既具备公域和私域的双重助力，也有助于品牌运营策略的规划与调整。

问题三：如果不站在企业或机构的商业应用立场，您作为一位具有社会角色的自然人，如何审视微博在今日中文互联网中扮演的角色？

某大众消费品品牌 CMO 答道："微博具有社会化新闻平台的属性。当下没有任何一个平台比微博更具有即时新闻、热点新闻发布与查询的功能。抖音更偏向大众化娱乐内容，热搜的属性较微博弱；小红书这样的生活方式平台的新闻属性更弱。微博为什么叫社会化新闻平台？因为微博的新闻不像传统新闻发布大多数为单向传播，微博的新闻可从多源头、社交属性角度被发起，并且受到圈层人群的广泛转发、讨论，进而形成热点事件或新闻，所以微博的全民参与属性更强。"王老吉媒介总监兼品牌副总监及电商公司副总经理黄良水表示，"第一，微博是一个获取信息的重要平台，不同于去中心化平台打造的信息茧房，微博上的信息更加开放，我们可以通过热搜迅速了解新闻动态及社会大事；第二，微博是社会舆论的放大器，由于其高度的互动性和传播性，微博常常成为热点事件和话题的发酵场所，用户可以表达对社会现象、政策决策的看法，参与讨论并影响舆论走向，这在一定程度上提升了公众对社会问题的关注度，有助于推动社会的进步和发展；第三，微博是一个文化交流与创新的平台，用户可以接触到来自不同领域、不同文化背景的信息和观点，这种多样性促进了文化的交流和碰撞。"小米集团公关部总经理王化则表达了微博是"最即时的新闻、社会情绪洞察、各品牌传播手段评估、热点事件等观察的平台，用户能够通过一个平台掌握天下大势"的观点。

从各品牌的回答可见，微博的新闻资讯特征、微博的交流创新特征、微博的多元与多源特征，均得到了品牌主的普遍认可。

此外，品牌方相关业务负责人几乎无一例外地表示，微博对其在日常工作中捕捉热点、形成工作创新思路、洞察消费者需求和兴趣、探索创新方式方法等方面具有积极作用。即时零售相关业务负责人丁海云认为："除了企业传播和用户互动，微博还是行业最新信息的汇聚地，对于即时零售相关的行业观点、数据分析、话题小组、友商动态等信息，用户都能在微博中获取。微博作为一个具有广泛影响力和强大功能的社交媒体平台，可以为工作日常带来诸多积极的助力。只要我们善于利用微博的资源和优势，就能在工作中取得更好的成果和效益。"薇美姿市场中心总经理胡珊表示："微博是一个信息快速流通的平台，我能够在微博及时了解行业内的最新动态、与行业相关的政策调整、市场变化等，为我的决策提供支持。对于企业来说，'消费者第一'是我们的核心价值观，用户需求是企业发展的关键，通过微博，我可以第一时间了解用户对于产品的需求变化以及使用反馈，根据他们的意见、反馈，针对性地优化产品和服务，提高消费者对企业的好感。另外，微博的庞大用户基数和强大的传播能力使其成为一个有效的营销推广工具，无论是新产品发布、活动发酵还是内容营销，微博都可以帮助我们迅速触达目标用户，提高传播效率。"某大众消费品品牌 CMO 进行了较为精准的归纳表达："作为营销从业人员，我经常在微博上寻找热点、热梗，甚至是跨行业找到一些营销思路。"

　　针对品牌相关业务负责人的访谈结果具有参照性和示范性。在访谈问卷设计上，本次访谈兼顾品牌视角与品牌从业者个体视角；从访谈结果的梳理归纳可见，品牌重视微博且将微博视为日常重要的常态化业务，微博为品牌提供的远不只是传播价值，还包括来自消费者洞察或舆情等多方向的助力，同时，品牌相关业务负责人基本将微博看作日常工作的"提效神器"，获取思路、洞察消费者、学习营销创新。

1000 个品牌眼中，就有 1000 种微博；1000 种视线背后，都指向同一个现象或规律——善用微博的品牌，已经将微博逐步变成品牌营销乃至企业经营的生态组成部分，正如一条被人们认知的商业观念：以消费者为中心，得消费者的品牌得天下！

政务之瞳——功能与服务并生的协同体

本书的不同章节多次提及，政务机构的"政务号"是微博内容生态的重要组成部分，而政务机构使用微博出于不同的目的性，这种目的性由政务机构本身的政务服务属性决定。根据国家机关职能界定，我们可将政务机构分为以下两极。

第一极，公务极。指本身并不向大众提供直接服务，公务具有保密特征与内务特征的政务机构。这部分政务机构通常把其在微博的政务号作为宣传窗口，帮助大众了解其职能的重要性，并发挥普及信息的作用。

第二极，服务极。指本身就直接面对大众，为大众提供窗口服务，且服务具有公开特征、程序特征与结果特征的政务机构。这部分政务机构通常把其在微博的政务号作为宣传、业务咨询与业务投诉受理的功能性窗口，既方便政务通识普及，又便于回答民众关心的热门服务问题，还可以及时受理群众投诉，便于提升服务质量。

公务极与服务极并不绝对，相对而言，越偏向于公务极的政务机构的功能主导性越强，保密性越强，将微博作为宣传窗口的比重越高；反之，越偏向于服务极的政务机构的信息性越强，公示性越强，将微博作为公告、监督窗口的比重越高。

我国政务机构需要服务规模庞大的国民，职能细分庞杂，职能多元极其常见。为了解政务机构眼中的微博究竟是什么样的，笔者与课题团队的伙伴对部分政务机构负责微博运营的人员进行了简短的访谈，以更好地还原政务机构眼中的微博形象。

问题一：您所服务的政务机构，通常在互联网传播或公共服务中使用微博致力哪些业务？

微博账号"马鞍山发布"的运维负责人董全喜回答："通过'马鞍山发布'政务微博矩阵创新实践并积极探索当前独一无二的以党委统领政务新媒体发展、在线督导政府跨部门协同治理机制体制，既有效加强了新媒体环境下新时代党的建设，更推动了政府网上履职能力的提升，激活了以政务新媒体矩阵联动沟通服务社会、惠及民生的参与热情和组织活力。在它（指'马鞍山发布'）的带领下，马鞍山政务新媒体已初步构建了基于互联网新媒体的开放型互动治理机制，有效提升了城市管理者的懂网、知网、用网和新时代社会治理新格局的深层次体验认知，开创了'可沟通城市'的样本范式。"微博账号"湖南公安"运营负责人禹亚钢则表示："一是正面宣传，借助微博的传播力，对公安工作进行正面宣传；二是舆论引导，借助微博舆论场聚焦地的属性，开展舆论引导；三是服务群众，借助微博互动便捷的特点，向求助的人民群众提供政务机关职能范围的服务。"

　　从上面的访谈信息可见，微博在区域数字政务"可沟通城市"的建设探索中扮演着重要角色，而公安部门则以微博为基点，打造宣传、引导与服务三位一体的共同场域。

　　问题二：微博在您所服务的政务机构中，提供何种助力？您对来自微博的助力如何评价？

　　"湖南公安"的禹亚钢认为："微博在助力政务机关形象再造、服务流程优化上起到了非常大的作用。""马鞍山发布"的董全喜则指出："微博与其他新媒体平台的最大区别在于平等性、公开性和互动性。普通网友只要有账号就可以和政府部门进行在线平等的沟通，我们在受理诉求的过程中也坚持只要不涉及隐私的事情就尽可能地全流程公开，让政府单位的办事环节受到网友的监督。公开是最大的推动力，有了公开性，诉求办得怎么样百姓能看得见，这种看得见成为一种无形的加速器，让事件在处理的过程中尽可能地公平、公正、高效。另外，微博的互动性让我们的政务微博成为接收网友诉求、化解社会矛盾的'护城河'和'解压阀'，让'马鞍山发布'矩阵成了参与社会治理的一个重要抓手。"

某市网信办微博负责人员如此评价："政务微博为政府提供了信息发布、民意收集、服务拓展和形象塑造等多种功能，基于微博平台的特点和优势，信息能够在短时间内得到广泛传播，提高了政务信息的覆盖率和影响力。同时，通过微博平台互动性及热搜榜等功能和特点，对舆情方面也能起到一定的监控和分析作用，及时发现和应对可能出现的负面舆情，维护社会稳定和政府形象。"

通过以上 3 种不同政务机构的声音，我们发现微博在不同政务数字化需求层面形成了合力：其一，高效服务，即以微博为窗口的服务形象再造以及流程优化；其二，社会治理，即微博将原本的社会治理单边效应改写为多边效能；其三，民意收集，即提升舆情的分析和负面消息应对，助力社会维稳。

问题三：如果不站在政务机构的公共服务立场，您作为一位具有社会角色的自然人，如何审视微博在今日中文互联网扮演的角色？

该问题的答案很出乎笔者与课题团队的意料。在原本的调研假设中，有共同立场（政务机构立场）的认知应该高度雷同，而在摆脱政务机构立场的自然人视角，审视微博或有天差地别。然而，调研问卷的答案高度聚焦 3 个方向：其一，微博是大众和政府部门可以隔空喊话的渠道；其二，微博扮演着信息交流、社交媒体和商业营销等多重角色；其三，微博是交互式传播的引领者。我们可以将解析上述 3 个方向的答案归纳为交互、交流、多元、传播等关键词，进而言之，政务机构微博运营负责人作为自然人，对微博有着较为统一的认知，这种认知毫无疑问并未摆脱职业属性的固有影响。

微博已成为社会治理不可或缺的部分。微博兼容宣传、受理、监督等多项职能，而这些职能均处在不同的垂线且产生多向作用力，在提升数字政务为国民服务的质量的同时，也提升了国民对数字政务的服务感知，并进一步提升数字政务对国民需求的感知，这体现在未来数字政务服务的机制优化上。

政务机构的工作模式或有不同，但政务机构重视微博且积极运用微博的创新态度高度一致。

对政务机构而言，微博重要且关键。

多元集结的中心场域

这里再次强调，微博是社会化媒体，社会化媒体的根本特征是用户生产内容，以及用户主动分享。而在中文互联网世界，社会化媒体似乎是一个并不清晰或并未形成共识的理念范畴。普通用户会感到社会化无处不在，媒体似乎也始终存在，可以亲身感受不同的社会化网络公司的差异，却又很难用系统的语言描述这种差异。

如果一定要将数字媒体进行分类，大致可划分为三类。

第一类是社会化媒体。微博位居首席，其内容宽度与受众规模截然不同于其他垂直导向的社会化媒体，因此，尽管其他垂直导向的社会化媒体也有其功用，但受众最多的社会化媒体只有微博，没有之一。

第二类是媒体社会化。基于上文提及的社会化媒体的根本特征，那么符合这个特征的便是社会化媒体吗？答案是否定的。数字媒体跨过 Web1.0 时代，出现了大量的媒体社会化迹象。举例来说，资讯门户网站的新闻内容底层页允许用户发表评论或顶踩（顶踩功能属互联网运营或产品术语，表述支持或抨击功能），同样具备用户生产内容和用户主动分享的特征，但资讯门户网站的新闻内容底层页只能被称为媒体的社会化方向进化，因为互联网产品规划与设计具有功能性主次，并非所有具备社会化特征的媒体都可以被称为社会化媒体。

第三类是社交工具。中文互联网具有代表性的社交工具微信，拥有 IM 基因，同样有一定的社会化媒体属性（朋友圈），但微信的产品逻辑架构立足点为熟人社交，社会化媒体（朋友圈）的可见人数有限，虽具备转发裂变链路的效应，但规模化、高覆盖且形成批量讨论空间在微信内很难实现，因此，社交工具的本源价值仍然是工具，略带社会化媒体属性的工具。

　　对于上述分类，笔者是为了阐明微博的特殊性也是必然性，通过本章从用户、媒体、品牌、政务机构的多视角审视微博，会发现唯有在微博的社会化生态中才可能实现更复杂、多元、多层次的多方利益满足。

　　这里来看一个案例，活动发起方是京东，活动名称为"我给乡村送年货"（见图 2-2）。

图 2-2　"我给乡村送年货"活动界面截图

该案例的第一个亮点在于发起的立场方，具体如下。

@京东：中国 B2C 数字零售业务的头部企业。

@中国三农发布：农业农村部新闻宣传官方平台，由农业农村部新闻办公室指导，由中国农业电影电视中心运营管理。

@京东平台上的上百个品牌：驻足京东，向消费者提供商品售卖服务，无一例外的是，这些品牌的商品具有平民性、普适性、实用性的商品特征。

@沈腾、@马东等具有强大粉丝基础的账号：发挥名人效应，这些账号不仅可以触达无数粉丝，而且有着正向的价值观，可以起到标杆示范作用。

该案例的第二个亮点在于梳理多个不同立场的微博账号在项目周期的不同阶段进场，或倡导，或跟进，形成具有阶段性与层次性的话题裂变范围，并且以几何级扩张。

该案例的第三个亮点在于"心软的神"与"心愿单"的无缝融合。这本是一项祈愿与得偿所愿的双向奔赴，却在案例机制中得到充分的、趣味性的设计，受众不仅欣然接受，而且乐于参与其中，共创内容。

在中华文化中，新年本就代表吉运、唤新、圆满等美好的愿望，因而祈愿的"心愿单"吸引了许多人参与其中。

该活动共点亮了全国 10000 余座乡镇，网友们的新年心愿被陌生人、品牌实现。更为重要的是，"这不仅是一次简单的公益活动，也是企业积极响应国家号召为乡村振兴贡献力量的表现。

在京东的示范作用下，活动通过微博全网扩散，吸引了社会各界知名人士参与，为家乡的父老乡亲送去了更多的祝福和关爱，带动更多人关注农村，为振兴乡村事业、推动区域经济发展贡献一瓦一砾"①。

企业规模一旦达到京东的级别，无疑会肩负起巨大的社会责任。该案例中，社会效益、京东品牌效益、农业农村部的分管职能部门的行政效益、京东上百个品牌的商业效益均得到满足。项目的执行过程中，线程简约、结构层次清晰，将微博生态内的社交流量列表效益挖掘到极致，是值得我们思考与学习的亮点。

同时兼顾平台品牌、政务、企业品牌多方立场，在同一个平台实现强连接、高覆盖、多层次、裂变性传播，中文互联网仅有微博可以实现。

---

① 社会化营销快讯：《今年春节卷什么？京东：饮水思源，有求必应》，2024 年 2 月 19 日。

第三章

锦簇常驻与风流

社交媒体的立体版图

媒体一词源于拉丁语 Medius，意为两者之间，现指信息源到信息接收者之间的一切技术手段，包括载体或存储传递的物体。而媒体一旦与社交并肩，势必会呈现出千姿百态。当然，这仅是比喻，因为在互联网战略版图与用户需求主导的数字世界中，社交媒体的阡陌纵横虽是互联网细分赛道中最错综复杂的存在，却也绝不可能达到成千上万的细分颗粒度，抽丝剥茧终有痕迹可寻，而其中的核心界定逻辑无非是需求、习惯、场景等并不复杂的因素。

前面的章节提到中国数字互联网的发展历程，梳理社交媒体战略版图的最佳路径并非扎根于需求、习惯或场景，而是循史渐进，从进化视角尝试梳理其中的竞争力与场域所在。

回到中文互联网最混沌的 20 世纪 90 年代中期。当时，代表政府科研意志的曙光科技虽然远没有今日强大，但仍能以前沿探索角度开始"垦荒"，于是，1994 年第一个中文社交产品曙光

BBS 问世。曙光 BBS 表现出极强的社交产品生命力——任何用户都可以在曙光 BBS 上发言，也可以阅读其他用户发言并与之互动。前文提及的社会化媒体的根本特征在曙光 BBS 中均得到体现。

BBS 的诞生，人文意义高过技术意义。

以 1994 年的数字科技水平来说，搭建一个 BBS 论坛虽有难度，但也没有多高不可攀。相比技术难度，更值得记录的是当时就已埋下了一颗火种，未来，所有互联网用户都将为社交如痴如醉。

下面基于马斯洛的需求层次理论，就数字互联网结构层做些解释（见图 3-1）。

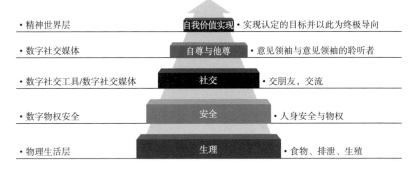

图 3-1　需求层次理论

图 3-1 中，第一层是生理，即物理生活层，代表现实世界，

第二层是安全，在互联网世界体现为个人数字 ID 的隐私安全和现实财富在互联网世界的数字安全。

第三层是社交，指数字社交工具、数字社交媒体，

第四层是自尊与他尊，指部分数字社交媒体，这部分社交媒体的产品结构更适合形成围观效益，举例来说，微信朋友圈并不是良好的自尊与他尊场景，原因在于微信朋友圈是熟人的有限社交媒体，纵然是娱乐明星或商业巨擘的微信朋友圈也没可能几十万人可见；而在微博，有机会吸引百万千万粉丝，此乃场域的区别。

第五层是自我价值实现，指超过第一层到第四层的终极需求，是否存在于第一层到第四层已经不重要，主要映射在精神世界层。

现在回到第三层社交和第四层自尊与他尊，从需求层级对用户需求进行结构性区分，或可对社交媒体的版图形成较为具象的认知。下面尝试使用图3-2的模型回答社交媒体版图问题。

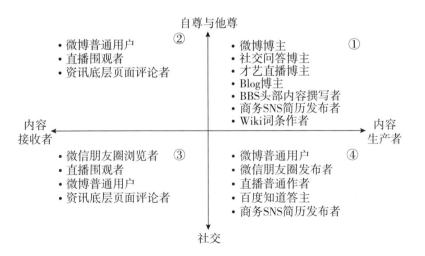

图3-2　社交媒体用户需求与社交媒体结构

图 3-2 中，横轴的一端为内容生产者，另一端为内容接收者；纵轴的一端为自尊与他尊，另一端为社交。根据横纵轴划分，将社交媒体常见的用户角色分为 4 类，随后，我们尝试将常见社交媒体的角色置入对应的象限。

类型一，自尊与他尊×内容生产者（象限①）。该象限的社交媒体用户角色包括微博博主、社交问答博主、才艺直播博主、Blog 博主、BBS 头部内容撰写者、商务 SNS 简历发布者、Wiki 词条作者，这些用户通常是具有较强内容生产能力的创作者，可以通过微博、知乎、直播平台、Blog、BBS 等社交媒体获得自尊与他尊需求的满足，形成品牌效益。

类型二，自尊与他尊×内容接收者（象限②）。微博普通用户、直播围观者、资讯底层页面评论者位于此象限。由于这些用户缺少专业的内容创作能力，在社交媒体的角色多为普通用户或围观者，形成品牌效益的手段多为转发或评论。

类型三，社交×内容接收者（象限③）。微信朋友圈浏览者、直播围观者、微博普通用户、资讯底层页面评论者是该象限的主要用户群体，这部分人大概率属于社交媒体上较为沉默的观察者，多数时间以点赞、支持等最低限度的内容生产证明自己的存在，同时满足社交需求。

类型四，社交×内容生产者（象限④）。此象限内包括微博普通用户、微信朋友圈发布者、直播普通作者、百度知道答主、商务 SNS 简历发布者，这部分人的内容发布或基于身边朋友的互动需求，或冀望通过内容生产帮助他人，或冀望通过发布内容可以赢得商业岗位的 Offer 或获得猎头顾问的服务，主要的目的指向满足社交需求。

由于社交媒体领域的需求边界常常是模糊的、混杂的，因此，很多社交媒体的用户行为分类可能会跨多个象限，而跨象限也可以视为衡量社交媒体功能宽度与用户需求容纳广度的指标。以此评估，微博的用户行为存在于以上 4 个象限，可见微博社交媒体的需求容纳广度；而微信朋友圈立足于社交，工具属性显著，媒体属性较弱。

从当今视角观察社交媒体繁华锦绣与百舸争流，不妨视为是竞争生态进化的结果，而非目标。社交媒体生态在动态进化，这种进化同时体现在外延的扩展（用户数量和用户使用时长）与内生的结构复杂程度（用户群体和应用场景）。

我们可以将竞争生态的进化划分为 5 个阶段，依次为前生态、元生态、生态危机、生态革命及新的元生态。

映射到社交媒体竞争生态进化中，在中文互联网混沌时代，诸多细分赛道都在尝试寻找生存之道，此为前生态阶段。

当以微博为始，逐渐奠定社交媒体与社交媒体营销方法论，并且形成共识时，以微博为代表的社交媒体集体跨入元生态阶段。元生态中存在着微妙的战略平衡，社交媒体均在一种竞争但不颠覆的状态下平衡发展。

随后，由于生态内的社交媒体分别以不同产品形态满足不同用户的需求，自然而然会有细分赛道或细分需求空间，催生了更多的社交媒体，从而形成稳定生态结构性波动的危机，从而进入生态危机阶段。

接着，生态革命爆发。这种生态革命是竞争或协同的博弈过程，将导致两种结果：结果一，原有的生态稳定，新崛起的社交媒体无法证明自己存在的必要，于是出局，如 LBS 应用中的街旁（基于地理位置的社交应用）、嘀咕网（在线分类图片网站）等；结果二，原有生态出现结构性变化，源于新崛起的社交媒体证明了自己存在的必要性，于是产生并存，如短视频、直播业务证明了其存在的必要性，进而跨入新的元生态阶段。这种情况在中文互联网社交媒体进化路径中极为常见，例如，微博崛起后，仍然出现了强工具属性的微信，强圈层用户代际导向的 B 站，强内容载体与分发导向的短视频、直播等业务模态。

随后，新的元生态将在一定时间内持续存在，社交媒体仍然将秉承基本平衡的竞争与博弈，直到下一轮生态危机爆发，进而迎来新的生态革命，从而决定新的元生态。

这种进化模式势必导致极具动态特征的社交媒体版图边界与内容结果的变化。一方面，每个新进的社交媒体，无论其进入姿态如何，都一定程度上延展了社交媒体边界。以 B 站为例，早期的 B 站被互联网观察者津津乐道的是二次元代际特征以及与 Ac-Fun（以下简称 A 站）的用户争锋，但 B 站、A 站以二次元真正迎合"Z世代"① 跨入互联网，并且形成了独特的文化圈层，长期在社交媒体占据一席之地，着实有年轻用户网络启蒙的传承效能。可想而知，当所需内容与社交方式均与上一代人有所不同的年轻人初接触互联网，是混迹在一群40岁大叔中聊时事，还是混迹在一群同龄人中聊动漫更合适？年轻人自然会用脚投票。另一方面，任何新进的社交媒体都会在生态结构内对其他社交媒体造成威胁。仍然以B站为例，其吸引"Z世代"人群进入互联网的同时，必然会一定程度上分流其他社交媒体的"Z世代"人群。当然，这种分流并不绝对建立在非此即彼的情况下。更多情况下，用户在聊二次元时会选择使用更多二次元集成的社交媒体，而常规社交仍然在常规社交媒体中进行。

这种进化普遍存在于社交媒体，下面举3个例子。

其一，小红书——颜值经济的代表作。当国人逐步走过物质文明从匮乏到充裕，买方市场与卖方市场立场轮转，使人们寻求精神享受的社交媒体具有极强的生命力，小红书是其中的代表。笔者在多次的业界交流中提到，但凡是涉及复杂参数决策的产品业态，与消费者沟通无法规避社交知识问答（如知乎），必须将专业术语转化为消费者听得懂的语言，帮助消费者理解与决策；而在感性决策的产业业态，与消费者沟通则无法规避小红书，其产品结构与用户生产内容的机制很好地帮助用户了解自己需要了

---

① 指1995年至2009年出生的人，也被称为"网生代""互联网世代"或"二次元世代"。他们与网络信息时代无缝对接，深受数字技术和互联网的影响。

解的方向，并且能够倾听来自其他方向的意见建议。

其二，大众点评——稳定存在的生活服务业态头牌。寻求美味、安全、良好的用餐环境和良好的服务是用户的本能。大众点评本质是用户生产内容并主动分享内容的社交媒体，用消费者证言与匹配用户地理位置半径进行推送或提供搜索结果，为用户提供了便利的用餐选择。

其三，旅游产业 UGC——具有代表性的是驴妈妈、马蜂窝、穷游网。这类应用以用户生产内容的旅游攻略起家，同样以消费者证言为基础，为其他用户出行提供更科学和更适配的旅游建议。

中国人常说的衣食住行中，我们暂且割舍买房这一偶发频次的大额消费，颜值经济代表"衣"在内所有让人变美的趋势方向，点评经济则代表"食"在内的日常生活享受的趋势方向，旅游攻略 UGC 则代表"行"在内的文旅消费发展的趋势方向。每个方向的代表产品崛起于不同时代，有一些甚至崛起于社交媒体生态尚未充分成型的前生态，但在整体生态进化链路中稳定扮演着自己应有的角色且不容动摇。

社交媒体的进化，催生的结果是不断在"前生态—元生态—生态危机—生态革命—新的元生态"中循环，每一次循环都可能证明新的常规生态是否有存在的必要，抑或继续回到原有的常规生态保持稳定。但在进化之路上，有一则铁律始终存在，即在社交媒体生态尚未饱和之前，既有社交媒体的并存是主旋律。今天，我们有微博、微信、抖音，也有小红书、大众点评、B 站、马蜂窝、网易云音乐等，它们共同构建起了璀璨而丰满的社交媒体生态。

因而，当我们探讨社交媒体立体版图时，不妨以两大基本视角审视问题：一是竞争生态进化视角，从动态时间线合理审视当今百花齐放的社交媒体生态，如上文所言，这是社交媒体竞争态势进化所致；二是竞争版图视角，不同的社交媒体从不同的应用场景或用户群体入手，满足用户的差异化诉求，从而形成竞争生态内一定程度的协同和共存。

视觉 vs 内容背后的价值本源探讨

2013 年，微博风头一时无二。而在 2013 年 8 月，微信 5.0 版本上架，带来了包括现象级用户体验的微信小游戏《经典飞机大战》等，一时风靡，用户使用时长出现位移，微信的用户使用时长在当年所有社交应用中增速第一。出现这种情况并不奇怪，一则微博是社交媒体，而微信是社交工具，仅朋友圈有社交媒体属性，与其说微信影响微博，不如说微信延续的是 IM 的时长，是腾讯 QQ 用户的批量转移；二则微信打通的是社交关系，因此从腾讯 QQ 导入好友和从手机通讯录导入好友决定了其增长速度和爆发力。

微信 5.0 版本带来的互联网行业瞩目体现在两个层面。

第一个层面是相当比例的互联网创新者看到了机会，原来微博并不是不可动摇！

第二个层面是决策逻辑的混乱与分歧。腾讯手握中文互联网 IM 的集中应用腾讯 QQ，仅社交关系导入这一项，微信就足以击败所有竞争对手，在熟人社交方向一骑绝尘，所以正常人应该不会衍生挑战微信的逻辑思维。可在当时，偏有几家自认为财力资源可撼动腾讯的互联网巨头都推出了移动端 IM，结果倒是高度一致，现在都已谢幕，属于雷声大雨点小的兴起之作。

有挑战欲望的人毕竟为数不少，想与微博掰手腕的纷纷下场。

2016 年年初，蘑菇街（专注于时尚女性消费者的电商网站）、美丽说（社区型女性时尚媒体）合并。往前追溯，美丽说、蘑菇街都曾在社交媒体赛道吸引了用户、投资者与研究者的注意力。而今美丽说已消失于历史长河，蘑菇街于 2018 年在美国纳斯达克登陆，2022 年 7 月被美国证监会列入预摘牌名单，2023 年 3 月创始人陈琪离任 CEO——显然，蘑菇街的生存状态并不尽如人意。

美丽说和蘑菇街的初次面世，均源于 PC 互联网用户向移动互联网迁移的早期，这就构成一个极具时代特征的悬念——美丽说和蘑菇街究竟在解决 PC 互联网问题还是在解决移动互联网问题？初问世的美丽说、蘑菇街，呈现出的是被称为"瀑布流"的视觉形态，即以多列非标准图片长短，构筑用户界面的视觉，与传统的资讯列表或 PC 互联网时代资讯网站常用的通栏相比，美丽说、蘑菇街确实当时让用户眼前一亮，带来时尚、潮流、易用的既视感。

而今，美丽说与蘑菇街不复盛况，可这种图片瀑布流形态仍然被搜索引擎用于图片搜索结果页、浏览器资讯导航页，以及被部分 RSS 阅读器使用。

从美丽说、蘑菇街的现状，足见互联网江湖之残酷，但反思梳理美丽说、蘑菇街的境况，倒也可归纳出一些有意思的内容。

其一，美丽说、蘑菇街很好地规避了与微博的交锋，美丽说创始人之前创立过抓虾网（RSS 兴趣订阅的基因），而蘑菇街创始人有过淘宝就业经验（电商基因），这很好地解释了为何美丽说的图片瀑布流走兴趣订阅路线，而蘑菇街的图片瀑布流可以视为淘系基因的延展，将其优化为更具有视觉体验的图片瀑布货架，是电商体系的优化延展。无论是兴趣订阅还是电商延展，最终都汇总在视觉导购上，并不去挖掘社交关系与社会化媒体的深度产品研发，和微博不在一条赛道上。

其二，从启动时间点来说，美丽说、蘑菇街面临的未知都在于究竟是解决 PC 互联网问题还是移动互联网问题，该未知从两个厂牌问世第一天起就存在，因为图片瀑布流在 PC 屏幕可以带来的用户体验优化极为明显；而在竖屏手机，已经被证明信息流或翻屏流更适配，图片瀑布流在小屏幕并无用户体验优势，这就造成美丽说、蘑菇街的两难：如果其成立时间再早几年，则 PC 端会有稳定的用户存量，在 2010 年到 2013 年完成用户移动端迁移即可；如果成立时间再晚几年，则其能彻底以移动互联网小屏竖屏为用户体验基础开发产品，或许也会规避图片瀑布流的两端难兼。美丽说、蘑菇街的时间点正处于 PC 互联网和移动互联网的过渡期，图片瀑布流由于用户 PC 屏到移动屏的位移而自动降维，因此，2014 年或 2015 年之后的美丽说、蘑菇街都看上去和其他女性时尚 App 没太大区别，图片瀑布流在移动互联时代的失势，是历史大潮使然，不以个体意志为转移。从这一点来说，美丽说、蘑菇街就输给了微博。微博启动时，新浪门户为四大资讯门户网站之首，且启动第一天的微博就铁了心 PC 端、移动端五五开，其中期以后的产品创新更高比例地倾向于移动端，战略阶段清晰，这也源于门户用户基数与厂牌优势，远超零起点的美丽说或蘑菇街。

其三，在互联网上搜索美丽说、蘑菇街，可以看到美丽说或蘑菇街的相关介绍中经常出现美丽、时尚、平台、潮流、达人等词语，但笔者从互联网研究者的立场将美丽说、蘑菇街定义为"社交图片视觉导购业务"，即虽拥有社交属性（用户生产内容），但并没有稳固的社交关系，只以图片视觉为用户吸引点，随后导购是其商业化手段。就像很多年前提供快递到家服务的商品邮购目录，用户看中哪个商品就拨打电话下单，随后用信用卡支付，在家等待送货上门即可。笔者眼中的美丽说、蘑菇街很像商品邮购目录的数字化版本，视觉导向、导购导向只是受益于互联网技术特征而出现的更华丽的表现形式，至于社交？美丽说、蘑菇街都呈现社交关系导向，或者说是零社交关系导向。

其四，笔者认为美丽说、蘑菇街走穨的根本原因是过于追求商业化。图片瀑布流鼻祖 Pinterest（图片社交平台）抱着慢工出细活的态度以用户需求为导向，抵触涸泽而渔的行动。可美丽说、蘑菇街在商业化层面显而易见表现得急功近利，如果读者有兴趣一点点分析美丽说、蘑菇街每个产品更新升级的日志，会发现其太注重商业化。全力商业化，通常会破坏用户体验，导致用户流失——所有的可持续增长在于商业利益与用户体验的临界点制衡。很可惜，美丽说和蘑菇街似乎在这条制衡线的把控上都太追求商业化速度，而忽略了互联网公司用户体验第一的原则。

美丽说、蘑菇街代表的是社交媒体的小高潮，这轮小高潮来势汹汹，退潮却悄然无息，其代表的是若干一度被资本看好可以撼动微博社交媒体地位的新兴厂牌，被资本抛弃时也同样落寞。就社交图片视觉导购业务而言，当导购重要性凌驾于用户社交之上时，就已丢失了在社交媒体江湖争一日之长短的上桌权和话语权。

生不逢时，是社交图片视觉导购业务于外界商业环境的先天短板；急功近利，是社交图片视觉导购业务价值选择的后手决策。两者结合，泯于众生。

打卡签到的争锋

严格意义上说，中文互联网之前并没有社交媒体体系化方法论。前文提到过，1993 年"三金工程"揭开了中文互联网的混沌序幕，可"三金工程"属于标准意义的试点工程，本不是以消费者互联网业务科技与模式论证为首要目的。1994 年，曙光 BBS 成为中国第一个社交媒体。可无论是 1994 年的曙光 BBS、1998 年的西祠胡同、1999 年的天涯社区，还是 2000 年后的 Blog 或 SNS，均未系统性梳理过社交媒体对用户、品牌、政务机构、社会意味着什么。系统方法论的缺失，一直到微博问世、成为第一个国民级社交媒体，才得到弥补，行业研究者开始从用户需求角度寻求产品研发、需求满足、产业结构、商业路径等一系列问题的答案。也正因为社交媒体方法论的打磨与共识并不是一天两天就能完成的，因此，在行业高度发展期，不乏创新、探索、论证、失败的例子。

这里要提及的是 LBS（Location Based Service，基于地理位置服务）应用，具有代表性的是移动互联网应用图钉（基于地理位置的手机拍照分享社区应用）、街旁、嘀咕网与盛大切客（聊天阅读软件）等地理位置签到产品，而 LBS 应用的发展热潮基本起步于 2010 年前后，原因如下。

原因一，2010 年前后是移动互联网与场景应用创新开口期。2010 年，三大电信运营商开启签约 3G 网络送 3G 苹果手机的活动，因而，3G 网络、智能手机快速普及。在此情况下，基于移动互联网的、有别于 PC 互联网的各个方向都得到创新者的重视与探索，而移动互联网和 PC 互联网对用户而言最大的不同就在于，用户可以随时随地使用移动互联网，不需要端坐在计算机屏幕前，具有地理位置属性的 LBS 应用因此获得创新者和资本的青睐，属于情理之中。

原因二，Foursquare（基于用户地理位置信息的手机服务网站）带来的启迪。前文曾提及，微博模式源于 Twitter，历经中国本土化应用研发到成长，才有今天。早在 2010 年前后，Twitter 在美国资本市场赢得关注时，Foursquare 同样赢得了资本的认可，其提供的核心产品是签到服务，再基于签到服务进一步提供增值服务产品。这条路的前 50%被中国 LBS 应用完整传承，后 50%出现极大差异。中国 LBS 应用尝试在用户签到后更多地推送周边商户的优惠券，即中国 LBS 应用在努力吸引用户到店。

原因三，"千团大战"的影响。2010 年，中国互联网刚开启移动互联网的跑马圈地，由 Groupon（美国团购网站）创立的团购模式在中国也被复刻、衍生，最多时有几千家公司在从事团购业务。如今存活者寥寥，美团是为数不多的幸存者之一。美团的成功之处在于：资本加持使其始终稳健占据上风；及时扩大横向战线，将团购业务走向横向一体化，为用户提供多种服务从而尝试商业化。另一个值得记录的例子是大众点评，其凭借蓄力多年的本地生活服务用户基数，团购业务始终作为其稳定的产品之一存在，且成为用户与商户的应用习惯。团购业务提供的是折扣套餐产品，而签到服务触发吸引用户到店的优惠券或团购券，本质仍然是到店业务，与团购模式趋同。

从 LBS 应用问世到成长，可以如此归纳：LBS 应用呱呱落地后就成为资本的宠儿，模式简单，线程够短，但随后的成长周期内就没看到过什么有质量的商业化回报，最后退场时也基本没得到媒体的关注，就连相当比例的互联网从业者都不记得这个细分业态存在过。直白点说，LBS 应用旗帜鲜明得毫无存在感。

2010 年到 2011 年，LBS 应用的签到服务曾触发过关注，但从早期报道来看，这种应用的亮点在于签到，签到之后的用户生产内容机制和微博有着高度雷同，而且用户无法在 LBS 应用内产生很多社交愉悦感。

或许，这是 LBS 应用最终走向末路的根本原因：在微博，用户可以选择是否分享地理位置，并且将社交逻辑主线设立为兴趣内容订阅；而在 LBS 应用，地理位置共享被视为内容生产的触发条件。LBS 应用可以满足用户需求的点，微博都可以做到。

与此同时，LBS 应用存在先天不足。人类毕竟大多遵循由工作与生活构成的时间支配原则，作为社交应用的微博之所以赢得用户，在于满足用户随时随地记录生活或通过兴趣订阅获得资讯，属于高频需求应用；而为获得优惠券进行的地理位置签到有着显然的利益驱动，在用户不存在高频消费需求的前提下（奶茶或咖啡等轻决策消费也不至于促使消费者每次都打卡签到增加自己的决策难度），中低频消费的刚需程度限制了 LBS 应用的天花板。

2010 年至 2011 年创办 LBS 应用的部分企业原本就从事微博运营，因为无力与微博争夺用户，才转型做 LBS 应用。可是从商业化论证之路审视，LBS 模式始终没有形成过稳定的用户黏性。

回过头看 Foursquare 的生存状况，这家公司以地理位置签到产品为主，1/3 的产品功能开发偏重社交，1/5 的产品功能开发为游戏功能，通过社交与游戏增加用户黏性，并且以商业广告和统计信息销售为商业化手段——此为淮南为橘，淮北为枳，由于中美国情和互联网商业环境的差异，LBS 模式有截然不同的发展之路。

一度被认为可以跟微博叫板的 LBS 应用早已消失。

其一，街旁，已于 2015 年关闭服务器。

上海淘融网络科技有限公司 CEO 评论道："从商业模式上讲，街旁结合本地商家服务，但这个领域有太多职业玩家了，比如 58 同城、赶集网、大众点评、美团、饿了么等，前景黯淡，倒下是必然，不倒下那是奇迹。从定位角度上讲，街旁没有给用户提供什么特别的东西，所以用户是否买单值得深思。"

乐帮市场总监罗儒紫说："LBS 是一个伪概念，它就像一辆车的安全气囊，而非引擎，虽然每车必备，但也只能起到辅助作用。"

中国电信应用工厂市场总监董焘表示："LBS 是一种技术模式，而不是商业模式。"

其二，嘀咕网，已于 2016 年宣布停止服务。

嘀咕网是类 Pinterest 的图片分享社交网站，最后关停时声称未来会继续做 Bookmarks（网页书签），但至少笔者没有看到过后续产品，而且听到 Bookmarks 模式，笔者略有惊讶，因为这种产品同样变现艰难，其商业前景存疑。

其三，网易八方，已于 2012 年宣布停止服务。

其四，盛大切客（关停时间不详）。

尽管笔者在全网没能找到盛大切客的精准关停时间，但笔者印象中盛大切客关停早于嘀咕网和街旁。盛大切客的用户几乎都认为其 LOGO 设计和产品体验不错，只是模式创新程度一般。

LBS 模式的探索系中文互联网在特定时代的缩影，创新永远在证实和证伪间飘摇，而最初的 LBS 创新者期望此模式能在微博之外另辟一条场景之路，可惜这条路的路径设计没有考虑 Foursquare 的模式无法平行复制到中国，外加入局的公司受制于外部乱战（从 LBS 问世到收场是中国互联网 PC 端到移动端的变革期，太多市场竞争带来不可控性），最终折戟沉沙。

被 LBS 模式视为假想敌的微博仍然坚挺存在，每天仍然有无数用户使用微博进行 LBS 签到，并且实时记录图文或视频内容。

用户生成内容的进退之证

从社交媒体视角看，用户生成内容且主动分享内容，真正和微博一样达到国民级的只有互联网短视频、直播业务。当然，微博的市场集中度远高于短视频、直播业务，微博二字即行业名；而短视频、直播业务有抖音、快手、视频号等一些厂牌在竞争。

笔者第一次接触直播类应用是在 2010 年上半年，当时某互联网厂牌"摇摇欲坠"，关停之前最后一搏，上架了一款 App 名曰"围观"。当时，笔者在办公室亲测了这款"围观"——一款真正意义上的直播产品。但这款产品依旧无法拯救其公司厂牌，原因如下：其一，彼时的互联网带宽正在 3G 增长期，用户流量价格或网络基站等条件均很难支持规模化的用户直播业务；其二，彼时的内容审核技术远达不到对直播动态内容进行合规审核的地步，"围观"很难逃脱内容早晚"踩雷"的命运；其三，彼时，移动互联网刚刚揭幕，用户基数决定内容生产者数量，"围观"熬不到内容创作者生态成熟。

第二轮的直播浪潮聚焦于才艺直播。MC 天佑的《一人我饮酒醉》风靡一时，但同样触发了对互联网低俗文化的整治。

随后，部分真正有内容价值的直播平台得以延续，具有代表性的有游戏直播平台斗鱼等；部分依赖低俗和博人眼球的直播平台出局。这个阶段大致是在 2014—2017 年。

第三轮直播业务拥有了全民影响力，可追溯到 2019 年下半年，直播带货开始形成商业共识。2020 年，重大公共卫生事件吸引全国人民声援武汉。此后的几年内，线下零售转线上直播成为商业品牌的通识。也就是在此阶段，抖音、快手等头部直播厂牌奠定了直播带货的主阵地地位。

然而，这恰是笔者作为互联网观察者始终存在担忧与持续观察的理由。

微博是社交媒体，短视频、直播平台也是社交媒体，两者的共性是用户生产内容且主动分享内容，两者的区别是微博以社交关系与兴趣订阅为导向，短视频、直播平台以类人群兴趣算法为导向。微博更贴近用户中心化需求来提供信息，短视频、直播平台则聚焦在流量更细颗粒度的分配上来提供信息。

两类不同的社交媒体出现国民级的覆盖率与渗透率，必然有模式或者说创始立场的原因，这种原因代表企业创始阶段的意志，并且贯彻企业数字创新价值观之中。

短视频、直播平台的快速增长，核心优势有二。

其一，超图文的视频内容承载形式。图文是包括微博在内的社交媒体的最常见信息载体，用户生产内容且主动分享内容，无论其目的性是记录生活，还是转发、评论表达态度；而短视频、直播的优势在于动态、即时和直观，用户的交互更为感性，很大程度上也是短视频、直播平台的载体优势。如果用户想要分享某种生活经验，则在短视频、直播平台对着镜头录几分钟视频上传或进行直播即可。而在其他内容载体上，用户需要一步步拍照并进行文字说明（如百度经验），直观程度与连贯程度均会下降。两者的区别就像看电视和看小说。

其二，基于算法的推荐，为用户精准推送内容。这一点恰是以笔者为代表的互联网观察者所质疑与担心的。算法模式解决的是互联网用户规模见顶时争夺用户使用时长；纯算法模式追求用户使用时长，但使互联网从高效率变成了高消耗，社交被看秀取代，订阅被推荐取代，用户有目的性的具体需求被不具备目的性的泛需求取代。与之相比，微博也有算法、推荐，关注流里也有30%的权重为推荐内容，但推荐不是微博的核心，热议增值才是。对平台而言，算法模式将流量应用到炉火纯青，不惜余力挖掘用户使用时长，但降低了用户的自主目的性，泛需求推导来自算法代码而非用户意愿。

这并不是算法的错误，而是算法应用范围、边界和程度的一种争议——用户究竟需要的是自己决定看到什么内容，还是让机器来回答用户需要什么内容？

在社交媒体领域，微博带来的是大传播概念，不仅因为其文字依然具备极强的流通力，更因为微博拥有用户规模巨大的分布式社交网络，用户结构和立场层次多元，具备丰富的舆论场"基础设施"。作为一个天然的话题讨论阵地和舆论发酵场所，微博为话题衍生起到了巨大的杠杆作用。另外，微博每天有大量原生热点内容，衍生舆论生态空间丰富，是用户、品牌、内容共生的生态，有利于任何利益主体撬动原本的弱社交关系，产生远超预期的传播效果。

这里还原一个极为现实的商业状态，微博目前已经是品牌营销项目的标准化配置，而且近 10 年来，几乎所有的国民级热点话题均在微博引发了热烈的讨论，天然的社交媒体场域结构形成微博触发热点的优势基因。而算法模式恰在用户主导的话题裂变上存在不足，举例来说，精准和用户裂变就像两条平行线，不存在交集，精准的算法会让目标受众看到相关的内容，而精准的算法在取代订阅的同时，一定程度上会削弱或限制用户自主裂变的链路效应，此乃双刃剑。

短视频、直播是社交媒体范畴内有价值的创新，很大程度上丰富了网民的文娱生活与消费渠道。而微博对网民远不止文娱或促销叫卖，其本质是更深层次的社会化组件，原本就存在于社会生活中。

一时瑜亮而已，处在不同阶段，使用不同方式，形成不同内容，满足用户的不同需求，这或许是对短视频、直播平台与以微博为代表的社交媒体平台的恰当表述。

冲冠与收官

互联网江湖商战，历史上有过无数次精彩绝伦的故事值得回顾，其中，社交媒体的烽火硝烟最为精彩，原因在于，大多数互联网商战历程呈现两种状态。

第一种状态，二三十年仅有数次迭代，技术门槛决定了战火惨烈，可参战者就那么几家，如搜索引擎巨头百度和 Google 的竞争。伴随 2010 年 Google 退出中国大陆，百度一家独大，而 360 仅凭借导航页导流略占份额。其间，即刻搜索在互联网搜索市场也没有翻起什么水花，一直到移动风潮日盛，用户在移动端的搜索习惯越发明显，不再从单一搜索页面搜索，而是分散到各 App 内，才出现微信搜索（嵌套搜狗）等。

第二种状态，二三十年内也就少数几次出现过"乱战"的场面。例如，"千团大战"看似精彩绝伦，实则是几千家公司的"村长"打架，高度同质化源于低进入门槛，而人人想分一杯羹的背后，就是团购市场来去匆匆。与之是同类项的还有直播。

可以和"社交媒体战役"相比的大约只有"视频大战"与"数字版权阅读大战"。前者从版权战打到移动战，几十家有能力的视频厂牌"厮杀"到红眼；后者在数字版权阅读领域征战，盛大文学固然是头马地位，但咪咕、纵横、17K 压根儿不买账，旷日持久的"厮杀"直到腾讯文学收购盛大文学，进而催生腾讯阅文集团方落幕。

　　社交媒体出现了若干次潮流迭代以及不少于 10 次的横向细分市场商战，巨头都下场多次。"草根"白手起家入局社交媒体"厮杀"，准备干翻巨头取而代之的故事也时刻发生着。足够充分的竞争时长与足够层次化的商战场，丰富的技战术与多方商业利益犬牙交错，社交媒体的商战想不精彩都难。

　　之前提到，微博拿下社交媒体"一哥"的地位后，战火远未偃旗息鼓，本章第二节回溯的是社交图片视觉导购业务，第三节回溯的是 LBS 应用，第四节回溯的是短视频、直播均在微博的不同阶段发起过冲击，有的已消失在历史长河，有的与微博形成战略平衡。而在微博一路成长的过程中，在社交媒体棋盘落子的远不止上述业务类型，具体如下。

　　其一，轻博客。

　　轻博客源于 Tumblr（轻博客网站），作为一种介于博客和微博的中间产品，其产品结构较博客更"轻"，但内容生成模式较微博略"重"。在中国，网易 Lofter 具有代表性。在网易上架轻博客应用 Lofter 的同期，凤凰网上架轻博客产品凤凰快博，而盛大也在差不多的时间上架轻博客产品推他网。

　　轻博客在中国的用户口碑相当不错，其产品体验略带小清新和轻奢感，精致且有少许的华丽，用户生成内容都可以有相当卓越的观感。笔者在一些高校讲座上曾提及轻博客，有相当比例的在校学生（也就是年轻用户）表示正在使用。

轻博客模式在中文互联网世界长期处于有用户但规模有限的水准，我们能看到轻博客运营厂牌的匠心，却没有看到充分的商业化前景论证。

其二，商务 SNS。

全球领先的商务 SNS 是 LinkedIn，但中国则有本土特色，远在 LinkedIn 尚未登陆中国、上架领英之前，中文商务 SNS 有天际网和若邻网。二者的名称都不约而同地强调了跨物理距离的社交。

领英进入中国市场前，天际网、若邻网的存在状态极其尴尬，或许这也是商务 SNS 都有的痛点，即用户最初使用商务 SNS 时兴致勃勃，认为可以获得商务社交和生意机会，但一段时间后，用户会发现商务 SNS 的最大特点就是基本没有互动，商务 SNS 很快就变成了猎头的常驻阵地。

领英进入中国市场后，很快遇到了和天际网、若邻网同样的问题。虽说领英的产品和用户体验着实过硬，可整个 SNS 洋溢着人气却很少看得到交流互动。

后来，天际网、若邻网早早停止服务，LinkedIn 宣布 2023 年 8 月关停"领英职场"功能，虽然 LinkedIn 信誓旦旦不会放弃中国市场，可其本土化失败之相已显，就像很多在中国"水土不服"的欧美互联网巨头遭遇滑铁卢一样，最终无果。

其三，匿名社交。

匿名社交源于 Secret（私密社区）。匿名社交应用主打的点是通过手机通讯录获得社交关系，但在内容发布交流上无法辨识发言人是谁。将互联网 ID 与真实世界的人隔离，因而用户能在匿名环境中袒露心声或聆听秘闻。

Secret 的中国版本叫"秘密"（匿名社交应用），其故事堪比大片。"秘密"最初上线着实赢得了相当数量的用户认可，然而，大洋彼岸的 Secret 找上门来维权，双方协商无果，Secret 直接向应用商店举报，随后"秘密"被强行下架。数月后，换了一身"马甲"的"秘密"重新上架，"马甲"上两个大字"无秘"无比醒目。经 Secret 的持续举报，没几个月，"无秘"便再遭下架。

这是一场斗智斗勇的对决，"无秘"团队不过短短数月，借力 App"友秘"再度回到苹果应用商店。而"友秘"的用户中心与"无秘"完全打通，明眼人能立刻看出这是"野火烧不尽，春风吹又生"的"秘密"。Secret 继续举报，而"无秘"也尝试说服苹果应用商店。2014 年年末，"无秘"重回苹果应用商店，且在一年后达到 5000 万的用户数量。

然而，估值一度达到 1 亿美元的 Secret 率先宣布停止运营，全球范围内的匿名社交业务面临同样的问题——匿名社交用户需求和监管之间的矛盾无法调和。2017 年 6 月 1 日，《中华人民共和国网络安全法》正式施行，明确了网络运营者应当要求用户提供真实身份信息，这等于给了"无秘"一个生死选项，或结束匿名、实行用户实名认证，或关停业务。

两个月后，"无秘"App 无法访问，虽显示的是系统维护，但再没有恢复运营。

匿名社交触及的是虚拟社会治理的安全灰色地带，而"无秘"用户的原始需求便建立在窥私、吐槽等方面，属于人性中较灰暗的需求，无疾而终还算是较为体面的结局。

综上，社交媒体洪流中，想弯道超车将微博甩在身后的创新者不在少数，可这批创新者多数难以成功。回到价值本源，社交是高频需求，而媒体需要完美场域，任何尝试切割细分需求或垂直人群的社交定向，都不可能再造一个与微博一样的完美场域。

用户也许并不知道，可创新者努力尝试后基本都知道。

第四章

定义话语权

数字价值攻略

社交媒体作为中文互联网传承极绵长的存在之一，经历了过去 30 年中国几乎所有大事件，从北京奥运会到重大公共卫生事件，从 2012 年的世界末日到感动中国人物，人、事、物在社交媒体的交错之深超过其他媒体类别。

根据中国互联网络信息中心（CCNIC）发布的第 53 次《中国互联网络发展状况统计报告》，截至 2023 年 12 月，全国网民规模达到 10.92 亿人，较 2022 年 12 月数据上升 2480 万人，互联网普及率达 77.5%。互联网研究者早在 2018 年就提出用户红利见顶，而全国网民的增速放缓恰因为重大公共卫生事件重新加速，防疫政策令部分原本不接触互联网的人群（如不擅长使用智能设备的老年人）开始使用移动互联网，接入网络生活，因此，过去三四年的网民增速高于原本期望值。有理由相信，几乎占八成的互联网普及率可能是未来网民规模的极致了，未来的互联网或许将不得不在很长时间内面临缓慢的边界扩展。

让我们把视线从产业边界转移到产业结构内部，综观互联网发展史，有一则铁律不可颠覆：若无非常破壁手段，战略壁垒牢不可摧。意思就是，互联网产业结构内部有无数细分赛道，每条细分赛道又存在本身的战略集团划分。如数字版权阅读赛道，腾讯阅文具有压倒性优势；再如微博赛道，估计也没有哪个对手有胆气再做一个微博争胜负；也有一些赛道永远硝烟弥漫，如互联网旅游板块的 OTA（Online Travel Agency，在线旅游代理）赛道，携程旅行、艺龙旅行、去哪儿网、途牛旅游网、同程旅行、飞猪旅行等每时每刻都在争夺流量，并紧盯对手动作，随时总结、随时博弈。所以，在稳定的战略格局中，如果发生大规模的变局，则通常必须至少符合以下 4 项条件的其中之一。

条件一，资本博弈。海量资本看好某条赛道的某一家企业，注入海量资金，遂开始用户争夺战，到这一步，该赛道的其他企业均会捍卫边界，也会有背后的资本入局。于是，市场手段各显神通，这种商战通常得打到某一家弹尽粮绝，于是其用户被细分赛道的其他存活者瓜分。这样的故事很像动物世界，但商战的残酷程度怎么可能低于动物世界？

条件二，颠覆性的替代技术出现。如果该细分赛道已满足的用户需求出现颠覆性的替代技术，且替代技术在需求满足方面成本更低，解决方案体验更好，那短时间可能就会发生用户转移的情况，原本坐拥上亿用户的应用可能短短半年就无人访问，而新应用人山人海。通常来说，这种替代是基于技术而不是模式，因为技术有天然的防御窗口期，而模式很难不被其他人模仿从而拉平差距。

条件三，厂牌触雷。这里所指的触雷，通俗解释就是某个厂牌涉嫌违法乱纪，严重背离所在国的互联网法律法规以及公序良俗。这种情况发生后，政府行政服务管理部门介入，该厂牌可能短时间内就会消失，自然会留出市场空白给其他厂牌。

条件四，基于原本的技术，出现新应用场景。以手机地图为例，最初的手机地图 App 争夺的是用户装机量；当这种争夺达到制衡点，所有地图 App 逐渐转移至手机预装阵地；当手机预装都达到制衡，同时中国用车人群规模化上升，越来越多的地图 App 转而将增长聚焦在乘用车前装市场，不断争夺新的应用场景，争取改变战略格局。

通常，只有触发以上 4 项条件中的至少 1 项，稳定的战略格局才会发生变化。从这 4 项条件的战略视角，看待如今的中文互联网将会发现：

其一，资本博弈普遍处于匮乏状态，受制于经济波动以及全球不确定性因素，2023 年的社会消费者经济结构虽然已出现消费驱动痕迹，但乡村消费品上行与部分细分消费上涨，生活服务消费上涨，大额消费品普遍呈颓势，而资本市场缺少热钱是公开的秘密。

其二，颠覆性的技术的出现。近年来，元宇宙和 AIGC 大热，前者提升用户的沉浸式体验，后者致力降本增效。但从现状评估，尚无法发现这两项颠覆性技术可能带来的替代媒体的可能性。

其三，厂牌触雷导致细分赛道市场份额发生巨大变化。从近年来的资本市场角度审视，商业巨头虽无巨大的商业爆发力，但稳定性犹存，若不出现严重问题，触发不可预测的情况，触雷同样是极小概率的事。

其四，新的应用场景出现。至少在媒体领域，暂时没有出现规模化应用场景的可能性。

综上，中文互联网大概率将维持稳定运行若干年，直到某项构成巨大变局的条件触发，引起新一轮的商战厮杀。

上文曾提及，每条细分赛道的战略集团数量及集中度有所不同。社交工具领域的领先者就是腾讯，手握微信与腾讯 QQ，强大到不可撼动；资讯领域的今日头条已占据制高点，用户数量、日活、月活、资本体量都已达到峰值；同理，在社交媒体领域，微博就是独一家的存在，虽还有其他社交媒体，但都无法比拟微博的场域优势，而只能聚焦行业或垂直人群。

于是，微博所面临的战略竞争格局可划分为宏观、中观、微观三个视角进行解读。

宏观视角。宏观视角是范畴大于社交媒体的中文互联网产业视角，产业视角面临的是流量冲顶，很难有新的规模化流量进入产业，因此，整体产业趋势开始走向深耕，即努力服务用户，提升竞争壁垒，精细化耕耘，获得商业化结果。微博作为社交媒体，同样面临新用户增长难题，然而，微博近几年的报告早就回答了这个问题，即便在产业天花板增速放缓的局面下，微博的用户和活跃度依旧保持乐观趋势。众所周知，微博登顶可以追溯到2013 年，时隔 10 年以上仍获得用户活跃度增长，这通常不仅是因为新用户注册，而且有相当比例是老用户回归，进而言之，大量用户在经历若干社交产品的轮番洗礼后，仍然选择回到微博。而在互联网行业，这通常意味着价值本源。

中观视角。中文互联网中，社交媒体与其他任何一条细分赛道一样，面临"去集中化"趋势，此趋势代表行政意志对数字互联网行业可持续发展的举措，大量互联网公司正在积极响应。2021 年 2 月 7 日，国家市场监督管理总局发布《国务院反垄断委员会关于平台经济领域的反垄断指南》，明确"二选一"可能构成滥用市场支配地位限定交易行为。"阿里巴巴和美团两家企业强制商户'二选一'行为构成滥用市场支配地位。而腾讯收购中国音乐集团、永辉云创等则属于经营者集中。从阿里巴巴和美团的处罚力度看，平台型企业行为将受到严格监管。"① 就在此文发布前的 2021 年 12 月 23 日，腾讯宣布以中期派息方式，将所持有约 4.6 亿股京东股权发放给股东。本次派息后，腾讯对京东持股

① 郝庆谦：《字节裁撤战投部，阿里出售微博股份，互联网下半场将迎来哪些变化?》，微信公众号"中欧商业评论"，2022 年 1 月 24 日。

比例将由 17% 降至 2.3%，不再为京东第一大股东。公告中还表示，刘炽平已从公司董事会辞任，并立即生效；2021 年 12 月 31 日，彭博社援引消息人士称，阿里巴巴计划出售持有的 29.6% 的微博全部股份，而就在同年，阿里巴巴刚退出芒果超媒和财新网。当互联网流量去集中化，背后代表的是产业高质量发展的资本去集中化、人才去集中化、科技去集中化，产业将恢复更为健康的发展态势。而作为社交媒体的微博，无疑将迎来更适配的发展空间，整个互联网江湖资本动能带来的不确定性降低，品质与运营将成就社交媒体领域的终极法则。

微观视角。社交媒体行业早早就产生了微妙的战略制衡，微博作为社交媒体，以用户规模与场域特征，以及热点传播的用户和事件惯性，决定了其战略护城河。与之相比，智能算法导向的短视频、直播业务尚在内容媒体还是促销媒体的定性问题上存在争议，而其他的社交媒体形态多为行业导向或垂直人群导向。近年来，有社交媒体平台提出 H2H 营销（人本营销），而基于未关注流的流量分配原则，仍然是算法推荐为先的另一种文字概念释义，淡化社交，强化平台算法而已。从战略竞争视角看，社交媒体行业平衡点早已到来，至少站在 2024 年可见的是平衡与未来良性发展的趋势。

数字价值的终点在于满足需求且形成价值兑现。在这条满足需求与价值兑现的道路上，需求存在宽度、深度、广度、精度等诸多维度，微博在综合覆盖这些维度上周全且优质。

社交媒体的纵横博弈

社交媒体的商业化一直是极为敏感的话题，因为社交媒体的内容生产者与内容接收者均为用户。为了不影响用户体验，社交媒体通常会对商业化手段和用户体验产生极谨慎的评估与试探。举例来说，豆瓣（社区网站）在商业化的试探上一直很保守，一则豆瓣的运营情况和资本压力没有迫使其必须背离用户体验就冲着钱而单向奔赴，二则创始团队风格使然，豆瓣给用户的感觉似乎一直是做好自己的事，用户体验才是重要的。

豆瓣这种互联网企业毕竟是少数，多数企业通常徘徊在寻找平衡点的路上，部分比较悲催的互联网创业者做出了国民级应用，但没见过什么商业回报。时至今日，互联网从业者对于商业回报的态度更开明，也发展出更丰富的商业化手段，即便如此，商业化进程与用户体验的制衡，仍然是重大考量项，而这期间的进退往往不是简单地由想象而判断。以短视频、直播业务为例，同样是社交媒体，短视频、直播业务义无反顾扑向直播电商，以促销卖货为商业化的重要手段。曾有脱口秀演员吐槽，为什么大家在电视上看到电视直销就会换台，但还会专门去看直播平台的促销直播？脱口秀演员抛出的是不解，赢得场下观众笑声的或许是其中蕴含的矛盾与冲突。

　　这也是社交媒体最大的难点——如何商业化？如何在不影响用户体验的前提下实现商业化？互联网走过 30 年，社交媒体的平台归属与用户使用时长基本稳定，而社交媒体的博弈点就在于守住用户的同时，赢得匹配的商业化增长。

　　分析社交媒体的竞争博弈，我们可采取 3 种思路。这 3 种思路的出发点迥异不代表正确与否，代表的仅是思维的起点与路径的方向。

　　思路一，社交媒体的载体进化方向。前文提到过，微博与短视频、直播平台有两点核心差异：第一，微博的载体以图文为主，而短视频、直播平台的载体以动态内容为主；第二，微博秉承的是兴趣订阅与小比例推送，而短视频、直播平台的订阅权重很低，基本以算法分发为主。第一点差异关系到用户的内容体验，第二点差异关系到用户获得的内容是什么。现实已经证明，短视频、直播平台凭借算法努力争取用户使用时长，而微博仍然秉承稳定的场域（无论对普通用户，还是对品牌或政务机构等）。显然，短视频、直播平台的载体与算法分发，与微博形成用户需求的互补。

　　思路二，社交媒体的全场域与垂直方向。微博是不折不扣的全场域社交媒体，人们很容易在微博找到自己感兴趣的话题以及同好，这意味着微博拥有极细颗粒度的数据序列，组合之下符合用户的需求，这也是品牌营销都离不开微博的根本所在。微博之外，行业导向或垂直人群导向的社交媒体依旧存在。不同于微博，这些社交媒体的人群画像与内容仍然由部分社交关系与兴趣算法推送构成，但在运用主动订阅与兴趣算法推送的比重上有所不同。微博信息体系内的互相"搭讪"具有极强的独特性，以哈尔滨文旅项目为例，敷尔佳品牌充分利用微博的话题聚焦用户，成功与哈尔滨实现"比翼双飞"的品牌传播效果。这样的玩法，只有微博的场域可以做到，其他社交媒体缺失效仿的产品生态基础。

思路三，逆向而行，极简社交。这个方向于社交媒体，并不是没有创新者尝试过，却昙花一现，罕有互联网研究者在此方向进行系统性思考。2024 年 3 月，新加坡公司 Drigmo 宣布，其旗下的社交应用 Yolk 获得了一笔 125 万美元的 Pre-Seed 融资（约800 万元，Pre-Seed 的意思是种子轮启动前的融资）。Yolk 做出了惊天地泣鬼神的社交媒体应用创新，该 App 用户用表情社交，包括表情包等，总而言之，这个应用内看不到什么正经的文字信息，而是非主流表情横飞。Yolk 的未来会如何？笔者尚不敢妄断，想说的是，社交媒体应用历经多年发展，开发者循序开发一个个功能后，不舍得做减法，于是许多应用都像巨无霸。当一个个原本轻盈的应用变得臃肿时，很大比例的用户会产生抵触心理。如果出现一款纯粹的、轻量级的、回归社交本质的社交媒体应用，或许可能搅乱社交媒体的现有市场，形成不可预估的战略竞争格局变化。

微博有界，用户无界

　　微博用户并不永远是同一拨人，每年都有新用户加入。新加入微博的用户通常具有青春特征，而固守微博多年的老用户则有着稳固的使用习惯，两者相结合，增强了微博文化的多元性和包容性。

　　多元性和包容性看似是寻常的词汇，但在社交媒体领域则意味着否决了任何水土不服的可能性。以一个直观的案例来解释，如果有男性用户在女性时尚"种草"导向的社交媒体上发军迷装备就会很突兀，但此类军迷装备内容发布在铁血社区上就不会有违和感。社交媒体的基因，代表平台和大多数用户的文化基因，也是社交媒体的文化土壤。适合文化土壤的内容万物生长，不适合文化土壤的内容容易遭到社交媒体内环境的排斥。

　　在社交媒体的多元性和包容性上，微博独树一帜，笔者提到过真正全覆盖的社交媒体只有微博和短视频、直播平台，而以抖音、快手、视频号为首的短视频、直播平台，本身有着较为显著的用户和内容差异，这一点无论是从行业报告还是从抖音或快手用户的购物习惯中都可以发现，短视频、直播平台与平台间，用户的区别明显。而微博则不同，微博能海纳中文互联网用户，用户的人群细分类别和细分画像千差万别，既可能是西南边陲的一位护林员，也可能是北京高校的学术专家；既可能是湘江边的茶艺师，也可能是深圳的科技研发人员。人群的差异不妨碍个体或由个体组成的群体都能在微博找到适合自己的内容，适配内容可能是通用兴趣领域的预制菜健康问题，可能是如何烹饪一桌美味佳肴，可能是暑假"特种兵"旅行攻略，也可能是熬夜写论文时的提神咖啡推荐。

　　微博的每个用户都是微博内容生态的有机组成部分，每个人的文化基因共同构建起微博的内容生态。而内容生态和用户人群偏好之间存在动态平衡，换言之，10 年前微博用户的喜好和 10 年后微博用户的喜好存在不同，10 年前的微博内容结构和 10 年后的微博内容结构同样存在天壤之别，这种相辅相成的双边作用力不以用户与微博的意志改变，而是受到微博内容生态内用户和用户间的相互作用力影响。简单举例，当大量微博用户都在讨论 20 世纪 90 年代金曲，有部分年轻用户会为融入讨论，自发去聆听相关歌曲，从而在讨论中获得相应的话语权；反之亦然，40 岁的中年微博用户在一段时间内高频地看到媒体报道年轻人喜爱的二次元文化，可能会去尝试接触，也可能会默默下载自己小时候看过的动漫，诸如《圣斗士》《七龙珠》等，前一种行为的目的在于接触年轻文化，后一种行为的目的则可能是准备在微博上参与怀旧青春话题的讨论。

　　2010 年 1 月的《新周刊》如此描述微博带来的变化："时代依然是大时代，烈火烹油，铁马冰河，轰轰烈烈，瞬息万变。不同的是，'微'的存在和传播形态，为这个时代编织出新面貌，提供了新动力，并让个体的面目日渐清晰可见。"

这是一个极其值得关注的现象，通常而言，生态内的不同主体或不同主体组成的群体数量越多，互相影响的关系便越是错综复杂。从社交媒体视角剖析，便是无数个体互相影响，个体影响社交媒体半径内的周边人群时，自己也受到社交媒体半径内的周边人群影响——请注意，微博的信息特征决定了用户未必通过熟人社交关系形成多边影响，影响发生的途径可能不仅在兴趣推荐上，而且更多发于某共性信息转发评论的过程中，甚至是热门话题等主流信息途径。

由此看来，微博的信息倾向性可以看作微博用户感兴趣、关注、追击的信息在社交媒体平台内的汇总及显性表现，因而，通过梳理微博的发展阶段，同样能反向归纳总结微博用户注意力聚焦在哪些方向。

初期的微博用户更关注娱乐方向。这再正常不过，因为初期的微博走的就是精英路线。这种逻辑很好理解，最初的社交媒体平台吸引广大用户是通过知名度较高的精英等，这类人对普通人来说天生有神秘感，当人们能够零距离与其对话，用户自然而然会获得新鲜感。

但一个问题也同样摆在初代微博精英用户面前——这批精英用户其实和普通用户一样刚接触微博不久，甚至未必比普通用户会用微博。于是，初期的微博运营团队定向指导这批精英用户学习如何在微博的海洋中畅游，也花了相当大的功夫。除了娱乐明星，其他行业的精英用户也纷纷在微博贡献内容并与用户对话。

同时期，部分政务服务机构的微博账号也引起了微博网友的围观。在最初进驻微博的几十个政务服务机构账号中，超过七成为公安系统账号，从各个方向向网友普及社会治安信息、普法，这种做法得到了网友的高度评价，指出公安机关以微博账号形态普法，新颖且没有距离感，于是才有后续大量政务机构的快速入驻，将微博视为常态化服务窗口。

以断代模式解读微博的内容变化，2013 年到 2016 年是一个分水岭。微博走过最初的用户疯狂增长期，迈入稳健运营和精细化运营，探索创新玩法，并且更多关注用户增长之外的社会效益。2013 年，大量资讯媒体账号及政务服务机构账号均已在微博开启运营，微博的内容开始呈现多元化，用户不止基于社交关系讨论，兴趣订阅还为用户提供海量的话题性内容，当相关的兴趣话题发布，便会有共同关注点的微博用户集结"指点江山"。

当然，兴趣话题也可能是较为中性的表达。如雾霾话题，用户关注的是自然与健康，话题内容中不仅包括呼吸道健康知识分享、雾霾成因科普、雾霾防护措施普及，也有用户在通勤时间遭遇雾霾的趣味吐槽。兴趣话题以外，部分涉及价值观的话题也引发海量微博用户旗帜鲜明地表态，如捍卫钓鱼岛主权的话题，大家都在表达捍卫国家主权的决心。

微博用户也在和微博同步进化，微博从初期娱乐明星与精英用户缔造内容，渐呈现出社会人文社交内容高地的特征，用户也从关注明星八卦，渐渐转变为关注包括社会人文在内有意义的话题。

2016 年后，微博用户进一步进入角色，积极缔造线下场景与内容，体现在看到明星必拍、看到有趣的场景必拍、参加有趣的活动必拍。当海量用户热衷拍线下场景来发布微博时，一是映射出微博用户在微博进行创作已成为习惯；二是微博用户对如何"蹭热度"已驾轻就熟，利用所有可以利用的条件，让自己成为话题的一部分，这种入框的荣誉感激励着用户，成为用户的潜在追求。

2020 年后的微博，可以当之无愧地被称为中国几乎所有公共事件的第一舆情阵地。这种定位并非由微博自封，而是微博用户的共识。武汉封控时，许多人通过微博声援；火神山医院日夜施工时，微博用户人山人海"云监工"，表达自己的支持。

除了如此震惊世界的大事能看到大众涌入微博，奥运会期间也能看到大量的体育爱好者出现，电竞赛事期间又能看到无数电竞粉丝，甚至微博之夜前后明星粉丝所带的话题可以连续霸占热搜榜好几天。

微博不是一成不变的，微博用户也不是一成不变的。社交媒体平台和社交媒体平台上的用户彼此成就，此成就体现在微博内容的不断进化，也体现在微博网友内容生产方向与能力的不断进化。

微博原生插件法则

每个微博用户使用微博的理由本质上大概是对话语权的需求。尽管不同个体对话语权需求的程度不同，究其本质，终是希望自己可以有一定的话语权。

迈入成熟态的微博，呈现出娴熟的博外链路，所有事件的传播链路显得如此简单，任何事件的传播扩大，有且只有两种链路。

链路一如图4-1所示。

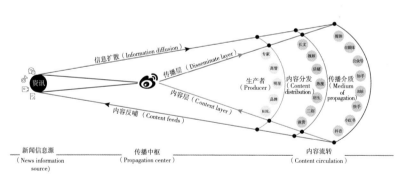

图4-1　链路一

如图4-1所示，事件传播通常由某个资讯网站、某个微信公众号、某个社交媒体等开启，信息发布后，形成初步的网友关注；随后，部分网友会转发信息到微博，通过微博快速裂变形成规模化声音，进而引起更高级别的社会关注；资讯网站、微信公众号、社交媒体等再通过微博意识到事件的社会影响力，继续转发报道，形成闭环传播链路。通常，事件通过此链路实现社会影响的覆盖时长并不确定，部分事件可能是短短两三天，部分事件可能会需要几周或几个月。

　　链路二如图4-2所示。

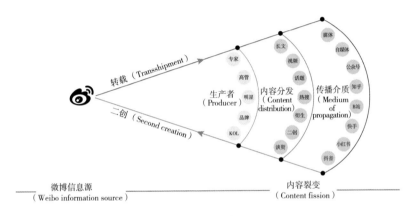

图4-2　链路二

　　如图4-2所示，链路二的线程更短，部分事件的传播就从微博开启，微博天然的裂变场域特征快速形成信息接力，通过滚雪球效应在一段时间内形成广泛的社会关注；同时，资讯网站、微信公众号、社交媒体等再通过微博意识到事件的社会影响力，继续转发报道，形成闭环传播链路。

　　回想过去10年，读者们可以发现，有社会影响力的事件无一例外在以上两种链路范围内传播。而这两种链路中，微博或扮演博外信息的裂变阵地角色，或扮演信息源角色，但无论是扮演哪种角色，传播中的范围扩大裂变效益都出现在微博。

链路一和链路二囊括了所有事件从传播伊始到传播覆盖的过程，也涵盖了政治、经济、社会、健康、娱乐、医疗、民生等所有领域，于是，两种链路就构成了一种内容生产者立场的必然——通过发微博引发社会关注，从而触发裂变传播效益。

收回视线，我们之所以称微博自带原生插件法则，是因为许多人已经在潜意识里把微博视为扩大传播效能的必要组件。

其一，政务机构的微博插件观。

政务机构的常见互联网窗口可划分为三类：第一类，不同政务机构开发的类似"一网通办"等 App、小程序，此类 App、小程序为功能导向，为需要办理事务的市民提供在线办理服务，但也正因其功能工具属性，大众在不办理事务时基本不会使用；第二类，以微博、微信公众号为代表的对外窗口，微博窗口具备更强的传播性，而微信窗口有功能菜单可以跳转小程序，政务机构多以"双微"搭档作为自开发应用之外的窗口；第三类，存在于部分政务机构，如文旅部门会开通抖音账号等，以直观视觉素材助力文旅传播，但短视频、直播号并不适配所有政务机构，部分机构完全没有使用短视频、直播号的必要（如服务较少人群且仅有低频传播需求的政务机构）。

于是，我们可以回想政务机构发布公告或响应群众关心的问题时，最为常用的发布策略便是在微博与微信同时发布。"双微"协同的目的，在于微博的扩散传播范围更广，而微信的用户更精准，这几乎成为所有政务机构的公告发布传播范式。

其二，品牌的微博插件观。

品牌的传播通常服务于品牌本身，采取的品牌营销策略更多样化，可以是事件营销、综艺营销、体育营销等，也可以是在线活动、开设线下快闪店等，还可以是囊括上述若干业务模块的整合营销。无论采取哪种营销策略，微博和短视频、直播平台基本属于标准的宣传配置。

品牌营销过程中，微博具备强有力的插件属性，当你看到品牌的营销项目中出现微博的影子时可能觉得天经地义，但当你看到成百上千个品牌营销项目中都有微博的参与时，才会真正意识到微博对品牌营销的意义。

其三，资讯媒体的微博插件观。

资讯媒体早就进入纸媒衰败、文广无力的阶段，于是利用移动互联网传播资讯，这是资讯媒体的新阵地选择，也是资讯媒体突破纸张限制，以读者数量为价值的重大突破。因此，资讯媒体眼中的微博与自身有着原生的密切关联，如果资讯媒体是鱼，微博就是水。

虽然未经完全统计是不是全部资讯媒体都使用微博，但从日常使用者的经验所见，报业集团和文广集团依靠微博生态部署资讯矩阵号，系常态。

其四，娱乐明星的微博插件观。

在娱乐明星眼中，微博既是对接粉丝的首要窗口，还是构建自我人设的好地方，因此，娱乐明星素来将微博账号运营作为工作优先级。

娱乐明星分为两种：一种是成名已久，将微博视为粉丝对话专栏的娱乐明星；另一种是知名度低，只有寥寥几部作品（或者根本没有作品），只能靠微博这种社交媒体进行自我宣传、包装的娱乐明星。但无论是哪种，娱乐明星都需要用微博串联角色、作品和粉丝，微博是其增加人气和关注度的主要舆论板块之一。

有的读者会问，为何使用"插件"这个词？

很多年前，笔者和一位好友长谈互联网发展趋势，聊到最高境界的互联网产品未必需要自己的厂牌，能做到隐身于用户日常的任意场景，无时无刻不在服务用户最好。就是这场多年前的对话让笔者总结出了插件的含义，意为非单独存在却是连接体必需的。

没错，笔者想表达的就是微博在无数领域，以原生态度扮演着插件的角色。这款插件很好用，助力各领域的常态化事务变得理所应当。

微博不生产话语权，只是把话语权交给需要的用户，并且顺便为其创造话语权的适配应用条件。

企业如何定义话语权

数字营销行业的从业者都知道，虎啸奖是数字营销领域的头部奖项。以 2024 年第十五届虎啸奖为例，有来自超过 1000 家企业提报超过 4500 个数字营销案例。按虎啸奖往年的惯例，金奖率通常在 1.3%～1.5%，竞争之激烈不言而喻。笔者连续多年参与虎啸奖评审工作，下面以行业奖项（即行业第三方观察到的营销趋势以及微博在营销中的应用）解读一些信息。

2023 年，第十四届虎啸奖揭晓，全场大奖为 B 站的《第 3286 个站》。本项目的切入点在于新冠疫情防控告一段落，很多 3 年不曾回家的年轻人纷纷在 2023 年春节踏上归家的路，一首齐秦的《外面的世界》徐徐响起，念出归家路的一则则故事。故事发生在回乡路上的火车上、站台上，该片不仅是对话全国年轻人的新年创意片，更是对话全中国火车站的公关事件。

本项目上线后，中国铁路写了一封回信回应 B 站（见图 4-3），而这封表达中国铁路与返乡年轻人共情的回信就是在微博发布的。从中国铁路的回信看，开头就写明了"#3285 个铁路车站的回信#"话题，与《第 3286 个站》创意片开始时的道白"全国的 3285 个铁路站，你们好，我是 B 站"遥相呼应，既充满温情，也表达了态度，且中国铁路回信 4 分 38 秒视频徐徐道来，借势狠狠提升了一波用户好感度。

图 4-3　中国铁路的回信界面

2022 年，第十三届虎啸奖揭晓，赢得全场大奖的是《真的值得更多人知道》。此案例不从商业视角对话消费者，而是从朋友立场分享美团买药值得被身边的家人与朋友知晓，一句道白直击灵魂："我们希望你不会用到，但你真的值得知道。"

本项目，"强化美团买药深夜在线服务的实用性信息#真的值得更多人知道#，也为后续与其他药企药店品牌的联动传播、社交媒体扩大声量提供了明确的内容落点，从而打出差异化认知"（来自案例申报材料）。后来，微博该话题阅读量曾高达 3.3 亿，同时，用户使用美团买药品牌的意愿增加了 6%，品牌推荐度增加了 13%。显然，微博更擅长讲故事以及赢得受众的认可，微博的媒体场域令受众更容易静下心接受一段具有场景价值感的内容，从而形成与品牌的共鸣。

2021 年，第十二届虎啸奖揭晓，赢得全场大奖的是《全世界最小的营业厅》。项目执行期间，电信的工作人员路过百年淮海路时，偶然看到了街边矮墙的一块砖体出现了破损，结合"让城市更美好"的理念，项目组在国庆假期赶工，在这块砖的空间里用 3D 打印技术置入了一座微缩电信营业厅，不仅完美地修补了破损，更在第一时间引起了社会和媒体对电信 5G 和"此处电信5G 已覆盖"等品牌信息的广泛关注（见图 4-4）。

"全世界最小的营业厅"整体尺寸为 23.8 厘米×15.3 厘米×

图 4-4　"全世界最小的营业厅"

5.8 厘米，正是原始破损砖体的大小，里面的桌子只有手指大小，而营业员仅有 4 粒大米的高度……由于 3D 打印难以制作出精细部件，所以营业厅里的计算机、手机以及中国电信的"Hello 5G"标识等小尺寸部件均由创意团队手工粘制完成。

"全世界最小的营业厅"亮相后，路过淮海中路的市民和游客能一眼发现这家"微缩营业厅"，阳光从营业厅外照进大厅，呈现一片热闹的景象，到了夜晚，这家 24 小时服务的营业厅内的灯光亮起，与车水马龙的百年淮海路交相辉映。明亮的大厅、闪烁的霓虹、人气十足的街道，成为"魔都"上海一道亮丽的风景线，路过此地的市民和游客纷纷驻足，举起手机记录这家特殊的电信营业厅（来自案例申报材料）。

本案例在微博上赢得大量的正面评价，中国电信在微博上积极转发，同时，世界 5G 大会也给出了正面评价。

上述回顾的 2021 年到 2023 年三届虎啸奖全场大奖案例项目，或在微博触发海量网友自发传播，或在微博赢得权威评价，微博在其中均扮演着极为重要的角色。

另外，笔者在 2017 年到 2019 年对虎啸奖金奖案例的媒介策略结构进行过相应的分析统计。统计结果表明，2017 年的虎啸奖金奖案例中有高达 85.7% 的项目在社交媒体应用方向选择问题，该数据在 2018 年升至 86.8%，到 2019 年升至 87.2%。由此我们可以直观感受到，每一年、每个类别、每个行业、几乎每个项目对微博都情有独钟，而这种钟情源于效果——微博的场域得天独厚，适合品牌与受众激情"搭讪"。

有一个有趣的现象，很多企业言及营销，满篇幅硬科技的既视感，元宇宙或 AIGC 若不在 3 句话中出现 1 次，则预示着与时代脱节。可是，口头的营销表达与实际的营销行为却存在差距，尚缺乏实际应用场景的元宇宙或 AIGC 着陆数字营销距离达到成熟效果还需时日，各品牌负责人部署营销策略时，仍然秉承微博是标配的原则，以赢得社交媒体传播的实际回报。

那么企业应如何定义话语权？其实并不复杂。

认知：企业需要认识到，话语权在当代商业竞争中从来不是企业的专利，而是企业与消费者共建的工程，因此，社交媒体系企业话语权的启动点，坐拥社交场域的微博的话语权效应更需要得到科学的认知。

组织：使用微博场域定义企业的话语权，需要一定的专业能力，包括有专业能力的组织部门，以及该组织部门能获得应有的授权，保障定义企业话语权过程中的职权实施。

资源：匹配的资源获得匹配的回报，定义企业话语权的过程亦非一蹴而就，而是需要一段时间的系统建设以及长期维护工作，其间需要人力资源、物力资源、财力资源，为企业话语权从构建到稳健保驾护航。

创新：微博有无数的创新玩法，其中相当比例是企业在微博构建话语权过程中摸索而出的。企业要带着创新探索的态度，在微博寻找适合企业所在行业业态特征与消费者沟通特征的创新玩法，创造自身话语权的优势性与独家性。

定义话语权，不是企业喊口号、举标语。回顾上文提到的三届虎啸奖全场大奖可知，企业只有端正认知，真正将以微博为代表的社交媒体作为话语权的必争之地，有充分的匠心和耐心，与受众一起共建话语权，才会赢得话语权，赢得能够助力企业可持续发展、高质量发展的话语权。

话语权的构建和运营需要有对"度"的把控，企业迫切需要社媒场域的话语权，可社媒场域的话语权能到达何种地步？这便是"度"的问题。在社交媒体时代，尤其在微博这样人人都有话语权的社交媒体上，企业需要做的是把握话语权的强度以及与用户在话语权上的制衡线，找到与用户对话的合理话语权，切勿将话语权定义为教育用户的工具。

第五章

应用话语权

传播为矛 vs 口碑为盾

中国的数字营销业务传承自广告。2000 年左右，数字互联网快速发展，广告业务从传统纸媒、户外、电视广播，逐渐迭代到数字媒体。而在数字互联网萌芽期到来前的 20 世纪 90 年代，商业刚走出"渠道为王"的圈地逻辑，整体商业理念和科学认知存在积累不足、经验欠缺等认知层面的误区，默认广告是生意的促进手段，而忽略了商业的更多可能性。

隶属新闻传播体系的广告学，从品牌与传播视角解决问题；而隶属管理学科的市场营销学，则从定位到商品视角解决问题——中国"渠道为王"时代野蛮成长，跨过商品从匮乏到拥有的阶段，同时带来了粗放增长的历史遗留问题——大多数企业只关注传播，并且认为传播问题得到解决后就应该迎来增长。

此认知在传统媒介时代的缺陷并不明显，因为传统媒介时代的消费者只能站在信息接收者立场，既缺少获得品牌或商品的消费者评价场景，也缺少决策前的价格比较与品质比较的场景。

可数字媒介时代则天差地别。由于数字互联网消弭了物理距离，把原本很难存在的场景转移到线上，消费者因此不仅可以在电商网站商品底层页查看消费者评价，还可以比较不同电商网站的服务或商品评价差异。但是，如果数字互联网带来的场景切换便利性仅依赖传播，则很难实现品牌与消费者间的价值认知闭环。

匹配当代的双核工作机制可归纳为"传播为矛，口碑为盾"，即以传播触达消费者形成品牌认知与品牌印象，同时构建良性的消费者口碑生态作为守门员，当消费者需要了解品牌信息时或决策购买前，都可以通过口碑生态进一步坚定购买意愿。

传播口碑模型如图 5-1 所示。

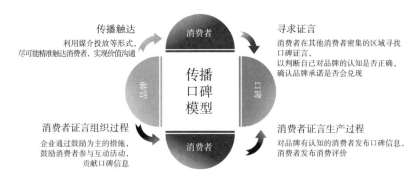

图 5-1　传播口碑模型

解读图 5-1，会发现传播口碑模型由 4 条链路构成。

传播触达：品牌日常最常规的媒介投放，使用媒介触达消费者，努力给消费者留下品牌印象、提升品牌认知、深化品牌共鸣。

寻求证言：消费者在互联网寻找其他消费者评价此品牌的信息，评价信息包括商品品质、服务品质、品牌价值感等。

消费者证言生产过程：唯有消费者生产证言的过程，才有消费者证言在互联网的沉淀，而这种证言的生产并不永远是积极的（如果某品牌的服务一塌糊涂，消费者证言完全可能是全盘吐槽服务不好）。因此，品牌对消费者证言的态度是又爱又恨，爱的是正面的消费者证言可以带来更多消费者，恨的是负面的消费者证言会瞬间消灭潜在消费者的决策欲望。例如，电商网站商品底层页面的用户售后评价只要有"商品垃圾，和图片介绍完全不一样，物流超级烂，送到时间比预计迟了 N 天，拿到手时连包装都碎了，客服电话永远踢皮球，未来再也不买这个品牌"之类的信息出现，大多数人的第一选择就是关闭该商品页面。

消费者证言组织过程：如果消费者证言生产过程是缺少组织性的，则给品牌带来负面作用的可能性远大于积极作用，因此，消费者证言组织过程强调的是，品牌应该部署消费者证言的组织生产过程，通过经常性的互动活动鼓励消费者对品牌希望的方面进行评价，从而做到品牌各个卖点的巩固与协同。

传播之外的口碑效应，或者说兼顾口碑效应的传播，有其优势所在：第一，口碑效应源于消费者，系消费者响应品牌互动活动的定向发布，统一活动内的信息具有较高的价值趋同性，若干次互动活动便可构建口碑生态中立体的品牌口碑画像；第二，口碑不同于媒介投放，媒介投放业务停止后通常流量便终止了，而留存于社交媒体的口碑有所不同，口碑具备长时间沉淀的效应，属于企业品牌资产的一部分；第三，"传播之外的口碑效应"和"兼顾口碑效应的传播"有一定的区别，前者强调媒介投放之外的口碑业务部署，后者强调的是如果可能则启动兼顾口碑业务的传播业务，这两条道路没有绝对的对错，品牌需要科学评估业态特征和消费者特征后再进行决策。

　　不同行业在口碑生态打造层面略有区别，但共同之处在于三个基本面：其一，微博是品牌和消费者互动的最佳阵地，也是发起活动形成消费者证言的绝佳场所；其二，搜索引擎搜索结果页，在此搜索结果出现场景，用户通常带着求索心态输入品牌名称，由于搜索引擎结果页有来自不同网站的内容，因此很难同时跨无数社交媒体生成，品牌经常使用的业务手段是公关发稿与第三方网站评测，这两种业务手段都可以通过一定阶段的工作而影响搜索结果，缺点在于会让消费者感觉这类信息并非源于同一立场的消费者，信服力低；其三，电商网站商品底层页的评价，为鼓励消费者，品牌可以通过"评论有奖"或"评论有礼"等模式，激发消费者贡献证言的积极性和主动性，从而优化电商内的口碑生态。除了上述三大基本面得到长期稳定的执行，具体的行业业态特征和消费者决策特征在口碑业务部署时均需要有一定的考虑与补充。举例来说，当品牌使用社会化问答平台（如知乎）

传播有复杂参数的商品时，将复杂参数转化为消费者感知参数，有助于消费者建立感性认知。再举例来说，品牌如果是宣传极依赖视觉和场景的商品，则需要一定程度上考虑运用女性用户向的社交媒体。以此类推，具体问题具体分析解决，不能以教条主义一言定之。口碑媒体分类如表 5-1 所示。

表 5-1　　　　　　　　　口碑媒体分类

口碑媒体	社交媒体	搜索结果	电商商品底层页评论
代表媒体描述	微博、小红书、知乎	搜索引擎搜索结果页面	商品下方评论
口碑业务形态	微博上的互动活动，经常与微博粉丝互动，参与微博话题	Wiki 百科、公关发稿、第三方网站评测	评估有礼活动长效开展

传播为矛，口碑为盾。品牌在部署与实施以微博为代表的社交口碑业务时，需要注意一些关键要素。

第一，微博是公众场域，品牌官方账号发起互动活动鼓励消费者参与贡献品牌信息，是持续运营行为。举例而言，品牌可能会规划在春节开展互动活动，在五一假期开展互动活动，在中秋节开展互动活动等，这需要长久运营，如果三天打鱼两天晒网，很容易使通过微博查询品牌口碑信息的消费者产生疑惑：这个品牌最后一次活动是很久之前了，这个品牌是不是已经倒闭了？进而对商品及服务交付品质产生疑虑，从而影响对品牌的信任。

第二，品牌发起的互动活动基于品牌价值的核心支撑点。例如，某食品品牌 2023 年希望与消费者沟通的核心价值点是安全和环保，遂将安全和环保分解为食材、工艺、封闭物流等要素，拆解互动活动，针对不同的要素分别执行，此逻辑下沉淀的消费者口碑证言具有结构性特征，立体支撑品牌需要消费者了解的价值因素。

第三，互动活动和媒介广告不同，强调的是互动机制能更好地激励用户参与生成内容，可两者并不矛盾，使用社交平台内媒介广告引流，很大程度上可以对互动活动的覆盖规模起到积极作用，且有利于将受众面扩大到粉丝之外的人群；用户将从粉丝用户变为兴趣用户，进而变为机会用户，呈涟漪状扩展，同时，通过粉丝用户、兴趣用户与机会用户本身的社交参与行为，周而复始裂变传播。

第四，以微博为代表的社交媒体，其产品重要特性是用户可以分享，因此品牌设计互动活动时，应尽可能将用户分享以话题性和"艾特"微博账号为机制组成部分，增强裂变的可能性。

第五，微博是公众场域，品牌设计并实施的互动活动，同样需要符合中华人民共和国的法律法规以及公序良俗，恶俗、低级、涉黄、宗教、政治等内容均不应涉及，应共同维护公众场域的话语权，抵制哗众取宠的赌博心态。

第六，无论品牌每年在微博上策划多少互动活动，品牌的人设都应该是稳定的，这有助于消费者稳定认知。

　　传播作为品牌的进攻武器，其技巧在广告行业发展过程中被反复磨砺，已相对成熟。将口碑作为防守武器，则考验品牌对消费者的友善程度以及持续发展的耐心，只有两者协同，才能构建消费者信息闭环逻辑。

品牌自画像与用户品牌互画像

　　微博上的每个品牌都可以建立品牌的自画像，这种自画像源于企业品牌人设的打造。成功的品牌自画像构建，可以将品牌从抽象的符号变成有温度和态度的立体价值体系，更为友善地与粉丝沟通，赢得粉丝的认同。

　　这里引用一个极为成功的政务机构微博案例。时间回到2013年12月2日1时30分，"嫦娥三号"探测器从西昌卫星发射中心升空，成功进入轨道。2013年12月15日，"嫦娥三号"着陆器与巡视器分离，"玉兔号"巡视器顺利到达月球表面，这是中国航天首次实现地外天体软着陆和巡视探测，具有史诗级意义。接下来两年多的时间，"玉兔号"巡视器辛勤工作，为祖国科研团队传回月球数据。

　　月球表面环境恶劣，这只小兔子夜以继日地工作，原本设计寿命仅为3个月的"玉兔号"整整超期服役两年多，其间多次因为故障休眠，又多次被唤醒继续工作。一直到2016年7月31日，

"玉兔号"发出最后一条微博（见图5-2），随后，超龄服役、前后共为祖国送回7TB数据的"玉兔号"进入永久休眠。

图5-2　"月球车玉兔"的最后一条微博

"玉兔号"的最后一条微博获得4万多转发、26000多条评论以及近58000次点赞。微博网友对"玉兔号"的支持更是一直持续到现在。

很显然，在微博网友的心目中，"月球车玉兔"是一只鲜活的、勇敢的、不畏牺牲的小兔子，而不是冷冰冰的月球工程机器。因此，微博网友给予这只献身祖国探月事业的小兔子以拟人的悼念，视其为一只真实的小兔子，和生活中一起玩耍过的小伙伴一样，赋予其人格化的尊重。

"玉兔号"本质是一个机器人，而且是由北京航天飞行控制中心遥操作团队远程指导操作的机器人。月球作业机器人具有相当高的科技水平，可毕竟是机器。我们的日常生活中并不缺机器，但为何只有这只小兔子牵动无数网友的心绪，成为万人在线围观的兔宠？

"月球车玉兔"本是"新华社对外部和果壳网合作实验性的尝试，却不曾想到成为被追捧的科学网红。果壳网原来负责运营的成都姑娘宗唯伊是'月球车玉兔'的实际执笔人。而当她写下最后那篇兔子告别宣言的时候，她已经离职去了一家在线教育的创业公司。"①

"它年纪很小，单纯却坚强了不起，充满勇气又很乐观，它会是个男孩子，它一定不是柔弱的。大家想到玉兔，会觉得非常粉红色，我们就要反其道而行之，网友还会来争论它的性别，这会很有趣。"上述文字来自玉兔策划人姬少亭，"她在家洗脸时，眼前浮现出了那个小男孩的模样，她终于知道这只兔子应该是什么样的了。她的心脏开始小鹿乱撞。"

随后，是几个年轻人用心运营"月球车玉兔"的故事。由于运营的目的性是吸引更多网友关注科学，因此团队笔下的小兔子并不蓄意卖萌，而是会显示出科学的无畏，例如，"玉兔号"第

---

① 赵倩：《揭秘微博"月球车玉兔"执笔者：她是孤独站在月面的玉兔本人》，《成都商报》，2016 年 9 月 14 日。

一次故障趴窝时,"月球车玉兔"发出了这样一条微博:"大家不要难过……总结人类 50 年对太阳系的各种探索。其中成功很多,失败也很多。在这个超级大图中,我只会是小小的一个点。"或许在月球表面,任何坚强都难挡自然条件的摧残,但这只小兔子从不退缩。

从"月球车玉兔"第一条微博(见图 5-3)开始,一直到"玉兔号"休眠,告别关注它的网友们,该账号共吸引了超过 80 万粉丝。毫无疑问,这是中文互联网科学方向最佳微博账号运营案例,没有之一。

 月球车玉兔
2013-12-1 来自 微博 weibo.com

大家好,我是月面巡视探测器玉兔,你可以叫我 @月球车玉兔。我来自中国,4 个小时后将和嫦娥三号一起飞向月球。我长得有点普通,但能探测和考察月球,会收集、分析样品。这是我第一次发微博,希望接下来几个月,能和大家分享太空的样子。其实我有点紧张……希望这次能完成任务。[冒个泡]

5556　　　4573　　　5942

图 5-3　"月球车玉兔"的第一条微博

我们不难发现,"月球车玉兔"运营团队最初就赋予了这个账号以人设,而且这个人设具有普遍的好感度,以一只毛茸茸小兔子的形象存在于微博。不妨试想,如果这个账号的人设被设定为一位白胡子科学家将如何?成功的微博人设,是品牌人设的辨识、符号、记忆、语言等因素的映射。无论是站在政务机构领域（如"月球车玉兔"代表的是航天科普的官方态度）的立场还是商业领域的立场，都需要审视微博账号的出发点，谨慎评估微博网友希望其扮演的形象是什么，才可能获得良好的效果。而且，对政务机构或品牌来说，微博人设是一个持久的工作方向，一旦开始打造人设，断无频繁推翻重建之理，否则会对政务机构或品牌的公信力造成重大负面影响。

需要关注的是，品牌在微博做的自画像和用户心目中的品牌画像并不完全对等。该现象用现实生活举例就是，小伙子精心打扮自以为是潮流猛男，但在身边人看来可能更接近"杀马特"，类似"自认为的我"和"朋友眼中的我"存在差异。出现这种偏差，通常有两个原因。第一个原因是品牌没有真正重视消费者感知。虽然很多品牌都将消费者主导挂在嘴边，但在打造微博人设时，仍然会进入自我本位制，认为微博人设应该是"我觉得正确的模式"，忽略了打造微博人设本就是为消费者打造，本就应该是消费者认为的样子。如果出现本末倒置，打造品牌自画像的微博人设，成功率就主要看运气了。第二个原因是品牌或许并不具备自我画像的能力，在此前提下，纵然其重视消费者感知，但仍然无法建立消费者眼中应有的微博人设。第一个原因属于态度和认知问题，第二个原因属于能力和水平问题。

品牌常见的微博人设有哪些?

专业性微博人设：在具有专业门槛的行业，微博人设常常带有专业性。专业性人设依赖专业指导解决用户问题，当然，这并不代表人设应是板着脸老学究的样子，品牌完全可以在指导用户解决问题的沟通方式中融入品牌本身的标签或风格，如青春的、沉稳的、负责的，等等。

朋友或损友人设：这种人设更具有常人气息，犹如消费者身边的朋友，日常"搭讪"也没那么官方，有时候还有点"一眼就能看穿"的闺蜜小心机。这类人设很讨喜，但是打造难度不小，需要把握度的临界点，否则容易"翻车"。

戏精人设：所谓戏精当然不是真正的戏精，而是品牌人设就是恨不得让所有人看出其戏精本质，想尽办法展示戏精风采，而这种蓄意让人莞尔一笑的戏精风格，不会让人生厌，反而让消费者感觉和品牌之间没有距离。很多消费者喜欢故意和有戏精人设的品牌微博互动。

例如，淘宝和盒马的微博账号上演"戏精二人转"，用户就像观众看两个戏精互相抢戏，愉悦感和人设画像都很具象（见图5-4）。

土味人设：这种风格从何而起无从追溯，但驾驭这种风格的难度其实很高。土味人设模式的基本出发点就是摆明态度："我不装，我就这样了，这就是我，我或许审美有问题，但是我很努力你看得到。"这种暗示对消费者而言反而是质朴且纯净的。

在微博上，品牌自画像通过人设打造和运营来实现，但真正的难点不在于品牌自画像，而在于品牌自画像得到用户认可。如

图 5-4 微博"淘宝"和"盒马"的互动

果品牌自画像和用户品牌画像合二为一，实现完整重叠，那么品牌在社交媒体的人设就能站得住、站得稳、站得先。

关键的问题在于找到问题的关键

品牌资产，源于 20 世纪 80 年代的营销科学研究。对于从营销实务出发评估品牌资产的方式，不同流派从不同视角进行了诸多诠释。笔者援引几何博士的《传说中的品牌资产到底怎么算成钱？三种方法》一文，有三种方法可以计算品牌资产价值几何。

第一种是成本考核的方法。

这种方式考量构建品牌历史过程中所发生的相关成本，包括市场调研、品牌设计、广告制作、广告传播、公关活动、品牌管理，以及法务的成本。是基于过去的品牌建设历史中所发生成本的估计。这种计算方法是假设在评估时把品牌重新再塑造一次所需花费成本的加总。这种方法在计算有形资产的时候是可以理解的，但用于计算无形资产是比较困难的。

第二种是市场销售导向的评估方法。

这种方法通过比对一个有品牌的商品的销售金额和一个没有品牌的商品的销售金额的差别，再通过品牌建设成本做调整。如果用一个公式表达就是：

品牌资产＝销售收入（品牌化的）－销售收入

（无品牌化的）－品牌建设成本

第三种是财务导向的品牌价值评估方法。

这是目前市场上最能被接受的价值评估方法，评估以一个品牌未来收益的净现值为基础。这种方法一般有三个步骤：第一步是评估公司未来的现金流；第二步是测算品牌因素对于现金流的贡献；第三步是通过风险因素组合进行调整。如果用一个公式来表达的话就是：

品牌资产＝未来现金流的净现值×品牌的贡献×风险因素

虽然《传说中的品牌资产到底怎么算成钱？三种方法》一文

代表的是从财务视角尝试评估品牌资产的货币量化范式，但我们仍然可以发现，品牌资产货币化的评估路径中多以品牌投入或以品牌投入带来的经营结果改变概率。从计算方式方法角度看，则存在南辕北辙，财务视角的资产是投入导向，是传承自财务学科的资产定义，而容易忽略的是市场营销学视角存在的品牌与消费者的双边关系，既然如此，缘何品牌资产的定义方向只能是品牌投入的单边定义？

品牌可以有若干视角的解析方式，可以视为符号，用于辨识、记忆，也可以视为价值体系，连接品牌的内涵。而笔者想强调的是，在数字互联网尤其是社交媒体时代，品牌并不由企业定义，而是由消费者定义的。

传统概念的品牌资产，将品牌投入构建与传播的量化总值或净值视为基本标准，在某些衡量计算方式层面，引入量化总值或净值对未来的发展有积极的帮助。而这忽略了商业环境变化带来的不确定性。社交媒体时代，品牌投入品牌构建与传播工作，这并非品牌资产，而是品牌负债，因为当消费者收到来自品牌的传播信息，产生品牌联想，进而需要品牌对传播内容完成价值交付，获得消费者认可，从而兑现品牌承诺时，方可称其为品牌资产。换句话说，品牌构建与传播仅是品牌资产的起点，在完成消费者价值兑现之前，品牌资产不能被视为资产，本质属于亏欠消费者的负债。

这里用一个较为直观的案例来说明问题。某手机品牌的品牌定位为防水、防摔、防尘的三防功能手机，主打在地球上任何恶劣环境都可以凭借其长续航与近似变形金刚的生命力，实现极限生存。这种品牌定位通过 100 万元的市场传播预算告知消费者。于是，部分热衷于野外生存的消费者产生浓厚兴趣，纷纷下单购买，拿到手后却发现这款手机就像玩具。这样的手机伴随野外生存爱好者来到野外，品牌承诺的大多数功能在恶劣环境下将全盘失效，很大程度上影响野外生存爱好者的人身安全。当野外生存爱好者群体回到互联网发达的现代生活环境，第一件事就将是上网打开社交媒体抨击此三防手机品牌违背了应有的社会责任。

上述案例较为极端，并未发生在现实生活中，仅作品牌资产成型链路的解释。

回顾三防手机的案例，我们可以发现，当三防手机品牌完成定位且发出商业传播信息时，就等同于向全社会释放了品牌承诺，承诺本品牌商品可以帮助消费者在恶劣环境生存。但当三防手机在野外不仅什么都不防，连起码的野外通信都时灵时不灵时，则意味着该品牌给予消费者的价值契约失效，品牌并未像其传播出去的承诺那般兑现价值主张。进而，消费者开始在社交媒体发起问责。至此，伴随社交媒体裂变效应，三防手机品牌的所谓品牌资产完全破产，剩下的只有由消费者定义的一堆品牌负债，可想而知，必定负债累累。

微博作为公众场域，是最常见的品牌资产兑现场景。消费者对品牌的认可，代表品牌承诺兑现，同时品牌资产上升；消费者对品牌的不认可，则代表品牌承诺失效，同时品牌负债上升。这样的故事每一天都在微博发生。一部分具有前瞻意识的品牌早早建立舆情管理方案，及时解答消费者发出的质疑并解决问题，努力通过舆情运营提升品牌资产的健康度；一部分品牌想不明白缘何品牌传播投入越大越是一片骂声，未厘清品牌资产系品牌投入到消费者定义价值兑现的完整链路。

品牌资产的投入到消费者定义价值兑现，是一条需要时间与耐心的长久之路，有时候品牌即便没有犯错误，也可能因为某种不可控因素面临衍生的负面效益。

品牌资产的形成，源于承诺兑现，没有承诺兑现的品牌资产根本不具备品牌资产的特征。同时，品牌资产很大程度上基于消费者的肯定或否定，而肯定或否定品牌的公共场域最常见的就是微博。

微博是品牌资产绕不开的鉴定实验室，但鉴定品牌资产的不是微博，而是网友作为消费者群体的最直观反应。

唯有意识到品牌资产和负债的消费者定义权，品牌才会回归价值原点，从承诺兑现视角完善闭环。

矛盾双持理论

公共关系这个词，第一次出现或可追溯到 1807 年。如今，公共关系已是相当成熟的知识体系。在长期的认知中，公共关系包括三方面基础业务：公关稿件的撰写与发布；公关活动的策划和执行；公共关系报告的撰写与公共关系决策参与。由于商业环节在数字互联网时代的巨大变化，原有的公共关系业务已滞后于实务的发展，尤其在社交媒体发展壮大的今天，传统的公共关系早就被网络公共关系替代，而网络公共关系俗称 EPR，由代表互联网的"E"和代表公共关系的"PR"构成。

EPR 业务的崛起代表的是传统 PR 业务的迭代。在原有 PR 业务基础上，迎合当代消费者向互联网迁移的特征进化，主要体现在以下几点。

原有的公关稿件的撰写与发布改变：公关稿件的发布阵地从原有的纸媒转移到以互联网媒体为主，互联网媒体的范围包括资讯门户网站、自媒体等。原有的公关稿件撰写职能部分转化为约稿职能，定向邀约洞彻行业的深度稿件。

原有的公关活动的策划和执行改变：升级为包括落地公关活动在内，含数字互联网阵地的公关活动策划执行。公关活动原本应有的搭建资源等，部分转化为在线 H5 互动页面建设等能力。原有的公关活动触发事件扩大传播等职能，升级为促进用户参与，并促进用户参与分享内容寻求裂变传播等效应。

原有的公共关系报告的撰写与公共关系决策参与改变：升级为更多聚焦数字互联网公共关系报告的撰写，包括数字互联网上消费者的画像和洞察，消费者在互联网上对品牌的态度，消费者喜闻乐见的交互传播形式等。这部分升级，源于线上消费者行为更易被量化和进行数理统计，更易为公共关系决策形成事先的决策参考。

增加了互联网舆情管理：与原始的舆情发散周期相比，当今的舆情扩散更猛烈，动态化的舆情管理由系统与人工组合完成，面对复杂多变的互联网舆情声量，抓取关键词并进行实时分析，为掌握舆情走向提供 365 天×24 小时的动态数据。

增加了自媒体运营：自媒体，尤其是以微博号为代表的自媒体运营业务，包括日常活动（有别于互联网活动策划的专项性，这里特指的是常态化小活动）、内容发布、消费者互动、响应式的消费者信息服务（如消费者通过社交媒体表达投诉意愿等）。

增加了社交媒体的口碑管理：常态化促进消费者生成社交媒体的口碑信息沉淀，并且对口碑信息进行分析，为品牌提供改善产品或服务的建议（口碑管理是一项积极的业务，当数据爬虫从口碑信息抓取关键词，很容易捕捉到近期消费者的表扬点及吐槽点，消费者表扬的点可以被更快更广地传播，而消费者的吐槽点可以联动产品或服务予以改善，从而提升消费者满意度）。

从 EPR 业务的进化方向，我们可以看到其主要迎合两个趋势：一是传统媒体用户向互联网媒体转移，其业务布局更符合互联网去中心化特征，以去中心化的内容谋求品牌公关基因走向社交原生；二是不再以传统公关的传播导向为主，而是以"传播+口碑"的双线同等优先级部署业务，这也是受社交媒体时代消费者更容易参考口碑而形成决策影响的变化。

传播走向传播口碑兼顾是 EPR 业务跨时代的进化，此进化大致从 2008 年开始，在 2012 年到 2014 年完成了基本方法论摸索，使 EPR 业务形成较为稳定的工作形态。EPR 业务的进化是不是有些眼熟？没错，EPR 业务从开始到完成进化，大致的跨周期阶段就出现在微博诞生到巅峰期，也正是因为微博改变了用户的习惯，大量品牌发现了传统 PR 业务的短板，遂引发趋势性的公关产业向新而生。

传播为矛，口碑为盾，两者结合。而在实务中，两者的可见性区别较大，多数品牌会更关注其他品牌的传播业务（由于传播业务的资源投入与创新加持等因素，具有较完备的可观察条件）；同时，大多数品牌也很容易忽略其他品牌在口碑业务上的沉淀，因为口碑业务更隐蔽，日常工作更细节化。这有点像明枪暗箭，正面战场的传播业务峥嵘必显，而隐蔽战线的口碑业务只能是暗流涌动。传播与口碑同为品牌 EPR 的关键组成模块，仅因战斗阵地的位置不同，品牌观察重视程度也相应出现差别。

如何将传播与口碑业务较好地结合？以下若干业务要点，或许可以为品牌提供参考。

首先，微博是品牌传播与口碑两线并进的必争之地，中文互联网没有第二家媒体拥有如此的场域可以为品牌同时提供传播与口碑的施展阵地。而在"传播+口碑"的微博业务布局过程中，品牌微博号人设的打造、长期运营、互动活动的定期策划执行、舆情监测与管理，均应为标配，缺一不可。

其次，所有的口碑管理均不能建立在删除负面信息的工作思路上。不妨如此思考，口碑管理中的负面信息是现实商品或服务瑕疵在社交媒体的维权衍生，解决口碑管理中负面信息的最佳策略是以最快的速度对接负面信息源，评估问题所在，并且解决问题，与消费者"化敌为友"，赢得尊重消费者的品牌印象。绝大多数消费者都有自己的工作、生活，若非在日常消费维权中出现不可调和的矛盾，大多数消费者没有那么多时间在社交媒体上和品牌扯闲篇儿。因此，区分负面信息的主要矛盾与次要矛盾是品牌应对负面信息的第一要务，消费者与品牌的主要矛盾是解决消费服务过程中的争议，而解决争议也是揭开主要矛盾的治本之道。

再次，社交媒体尤其是微博平台的传播与口碑业务需要保持人设层面的"真我"。品牌的微博账号一旦确认人设，该人设在账号运营表现上就应该具有一贯性和持续性，不因外界因素而动摇。

最后，品牌传播与口碑一定不要与恶俗、低级、涉黄、宗教、政治等敏感因素挂钩。以 2020 年重大公共卫生事件为例，全国医务工作者支援武汉伊始，有银行借势营销，为奔赴武汉的医务人员提供金融服务，很快就招致网友谩骂，最后不得不灰溜溜收场。在网友看来，该银行把伟大的行动庸俗化和利益化了。显然该银行没有从社交媒体的信息多元性考虑策略是否合适。另一个案例则恰恰相反，在武汉结束封控后，有航空公司宣布，为奔赴武汉的医务人员免费提供春节返乡航程服务，赢得了网友们的一致好评。两个案例都是基于同一个事件，得到的评价却有天壤之别，区别在于前者发起时间段是医务人员奔赴武汉的前期，有利益诱导和道德绑架嫌疑；后者发起时间是结束封控的长尾期，更容易被大众视为人文关怀。仅仅是时间节点的选择，就可判定两个案例的成败落差。

社交媒体时代，所有的传播与口碑管理归根结底就是一句话——在消费者喜欢待的地方，用消费者喜欢的方式，说消费者喜欢听的话。以微博为始，以微博号为起跑线，品牌需要深耕一场传播和口碑两手抓、两手都要硬的长期行动，用心和消费者交朋友。

第六章

话语权的再生与重构

一拳打得百拳开

微博营销是品牌的营销标配。

六七年前，笔者与微博一位高管聊天，谈到微博的营销产品之丰富，叹为观止。笔者的直观感受是，微博带着渐进且分布式的态度研发营销产品，形成一种很有趣味性的感知——每个营销产品或许对品牌而言都是一个可以直接在脑海里具象化的符号。可若退一步，从微博平台高度进行更为宏观的观察，会发现在具象化符号特征之外，微博的营销产品还有极强的模块化、组件化与阶梯化优势。

所谓的模块化、组件化和阶梯化，主要体现在微博的营销产品均独立存在。品牌可以根据自己所处的行业业态、营销行动策划的目的性、策划中着重的打法和玩法、期待的营销效果维度等变量，用模块组件自主搭建微博营销产品，并且可以根据营销计划启动的资源与预算、策划中计划联动的合作伙伴等变量，阶梯状地选择营销产品组合的规模与权重结构。用较为口语化的文字解释就是，无论品牌处于哪个行业，出于哪种目的，计划用哪种策略，希望达到何种效果，在微博营销产品的选购清单上都可以找到适合自己的组合性标品。

作为互联网观察者，笔者对微博的营销产品研发很是敬仰。很多事务，肉眼看上去的难度与实际难度的区别就是内行看门道、外行看热闹的迥异。举例来说，何谓资讯门户？资讯门户衡量标准的下限特征便是一个用户中心统筹记录用户 ID 在整个门户的所有行动（用户登录后，可以在用户中心看到自己浏览过的博客，看过的视频，发布过的评价，收藏的内容，资讯门户的任务、个人等级、头像、个人签名等），看似很简单对吧？错了，这并不简单。以轻博客产品为例，凤凰网推出凤凰快博之后的很长时间内，凤凰快博的用户中心与凤凰网的用户中心无法互通。回到微博的营销产品，营销产品的优劣不在于有多少行代码，而在于凌驾在营销产品之上的统筹规划。

一个常被忽略的真相是，微博是中文互联网领域最具代表性的标杆社交媒体，其在细分赛道的一骑绝尘意味着前方没有追赶的目标，也没有并肩竞跑的对手，这就明示微博在营销产品开发层面唯一可以做的事情就是系统地按照自己的路走下去，自己判断方向、自己评估需求、自己把控质量、自己控制进度。这种形态有点像科幻小说中描述的地球最后一个人类抵达某星球，这个星球与地球截然不同，既没有任何地球生存经验能论证身处陌生星球环境的决策对错，也没有其他人类可以提供行动的参考坐标。在这种环境中，微博稳扎稳打，用若干年沉淀出了一套被论证可以适用于全行业品牌的营销产品组合，难度之大，远高于竞争激烈的其他细分赛道。

此外，微博营销产品的组合性当源于组织内部高度纪律化的统筹与规划。接触过多款互联网营销产品的读者应该有同感，如果一个互联网平台持续多年研发营销产品，伴随不同阶段统筹团队的思路不同以及营销产品设计思路的多变，通常多款营销产品会产生或多或少的"内耗"。在品牌感知上就是几款营销产品貌似都能一定程度地解决问题，却又不能完全解决问题，甚至组合起来会浪费资源，这类现象通常便是产品规划与研发的统筹思维失措，产生了脱节所致。但微博的营销产品给品牌方的感觉则极具结构化，模块与模块间边界清晰，具备组合叠加的可能，品牌可以根据自己的营销项目目标定制组合模块，快速高效地解决问题。

微博的营销产品极其丰富，不过笔者是站在行业研究者立场，因此这里不做精细化的产品测绘，仅以每年大量案例研究及与品牌方的日常沟通经验，大致描述品牌方对微博营销方式的选择。笔者希望从行业案例及品牌方选择的视角，回顾哪些微博营销玩法被品牌方常态化选择，而又有哪些微博营销玩法是品牌方由于不熟悉此营销功能而无意间忽视的。

品牌方使用微博的主要玩法（含微博营销产品选择），可以归纳为几个招式。

招式一，KOL 推广。品牌在微博启动营销时，会本能地匹配一定数量的 KOL，通过 KOL 推广带动话题性与流量，为微博营销行动的加速与扩散提供助力。

招式二，事件营销。品牌能发起某个事件，无论事件源于线上或线下。品牌使用微博作为传播裂变通路，裂变过程中驱动粉丝扩散，并且以大号转发等形态实现流量的规模化增长。

招式三，商业热搜。热搜是品牌较为熟悉的流量获取模式，目标精准，获取流量规模可喜，容易形成破圈效益。

招式四，重定向。以类人群画像作为目标，以微博重定向产品为渠道，覆盖更多兴趣人群，实现流量接力与流量承接，在中长期营销项目（如 21 天以上的营销项目）中尤为有效。

而在商业营销实践中，微博营销产品中的部分组合效益产品很容易被忽略。

明星营销：明星覆盖面的效益远高于寻常的链路效益，此外，明星微博粉丝自带画像，对明星发出的信息有极强的响应力，且能形成规模化响应。但品牌除了明星代言，对明星作品及日常的结合点却并不多，往往这些内容给品牌带来的价值不可估量。对这些内容的二次追踪很容易被忽略。

电视剧、综艺营销：前文提到过，微博先天就是连接"电视剧、综艺—娱乐明星—粉丝"的沃土，电视剧、综艺话题营销可以催生的内容传播不仅具有规模化，而且在用户共情共鸣角度占据先手优势。参考近年的《乘风破浪的姐姐》《繁花》等，都是标杆营销案例。除了借势、借热度，品牌挖出电视剧、综艺作为消费场景的价值更重要，如品牌心相印就因为《长月烬明》成为看剧人的"纸搭子"，这种带有记忆点的标签是品牌经常忽视的重点。

跨品牌营销：品牌和品牌间的互相"搭讪"，可以是联合，也可以是互相撩拨，喜好看热闹的微博网友在前排坐小板凳嗑着瓜子吃着辣条围观，适时参与共缔一场话题盛宴。局中的每个群体都欢欣雀跃。当然，在品牌联名盛行的当下，品牌要牢记联名的初衷是带给双方新的品牌价值提升，而不是简单的打趣凑热闹。

借势营销：遇到热门事件或话题，品牌以匹配的立场切入，以热门事件或话题带动品牌入局，引发关注。这种模式需要品牌本身有快速反应能力与借势敏感度，"蹭流量"不可耻，可耻的是"蹭流量"都蹭不好。

举一个"天猫双 11 省学指南"的例子，这个案例对以上的营销组合产品进行了一定程度上的诠释。"双 11"一直是电商平台的重要节点，但随着 10 多年来玩法的迭代，"双 11"被很多消费者投诉"套路"太多。2023 年的"双 11"，天猫回归初心，主打一个"省"字。首先是联动了海量来自各领域的"大 V"博主，打造了#双 11 省学指南#话题，让博主打开脑洞，分享自己在"双 11"怎么精打细算。迎合当代年轻人的"祈福"这一流

行关键词，让网友在线许愿能抽到大额券省更多钱，很快多个和
"省""许愿"有关的话题就冲上了微博热搜榜。接着天猫通过
#国货打广告卷到了工位上#与多个品牌玩在一起，先是周黑鸭的
官博发出了一张长图，小编在工位上放出优惠广告，拍照发微
博。随后，可口可乐跟风，表示"吃了鸭鸭怎么能少了可口可
乐"，也拍了一张工位的照片。结果燕窝品牌宫中燕的小编把锅
都搬到了工位上，现场教网友做燕窝。在工位上打广告成为新的
创意热点，吸引了很多年轻消费者关注。

个体的微与个体品牌的博

　　微博的包容性让任何主体都可以找到适合自己的玩法。个
人微博号、企业微博号、机构微博号等分门别类认证，本就意
味着平台对不同主体的分类鉴别方式，这也带来一个极有意思
的微博品牌营销组合拳运营方式——个人微博号与企业微博号
的联动。
　　先讲一个故事。小米公司成立初期，企业对外没有任何品牌
传播的行动，此过程可能在普通人看来非常奇怪，可回溯起来又
蕴含深意。首先，小米的天使用户就是互联网行业从业者。从人
生经历来看，小米创始人雷军先生于 2010 年宣布创立小米手机
品牌前，为金山软件工作了多年，其间完成了金山软件 IPO。许

多互联网从业者出于对雷军在金山从业期间业务品质和扎实创新的行业共识，在小米问世之初便成为小米的天使用户。笔者清晰地记得 2010 年岁末的一次互联网圈聚会上，聊及初出襁褓的小米，一桌人异口同声：雷老板给出的东西绝对不会差。甚至一位从事运营商增值业务的同行信誓旦旦地表示以后只用小米手机。当时，距离小米第一款手机小米 1 宣发尚有大半年时间。

小米成立初期，外界对小米的所有认识，完全由雷军一个人在微博完成。作为资深互联网人，雷军在微博上聊到小米创新观与产品构想，拍手围观的常常是互联网同行。那个时代，互联网人涉足硬件还是极其罕见的经历，许多人以崇敬的态度一路在微博上陪跑，看着小米从 0 到 1 成长。

而雷军通过微博以个人品牌硬生生拉起对小米品牌的早期支撑，堪称创始人微博玩法的经典。有网友调侃，雷军简直活在微博上。截至本书出版之时，雷军已发布超 17000 条微博。很多网友都在感叹他是如何在忙碌的工作中还能有时间发微博的。其实这是因为在微博上和用户的沟通是直接的，产品的一手反馈、用户的一手需求都能被了解到。雷军不只是在微博上发内容，而且会回复用户的评论，倾听用户的声音，这也成为他日常工作的一部分。

个人品牌在社交媒体范围内的传播运营，有着极为重要的作用，尤其是企业高层管理人员的个人微博可以与企业微博相互配合，使用户对品牌有全面认知。

中式快餐连锁品牌老乡鸡董事长束从轩，通过微博以个人品牌带动企业品牌，也堪称炉火纯青。束从轩先生带着老乡鸡首次出圈，需要追溯到 2020 年 2 月，老乡鸡官方微博发布了一段董事长束从轩先生的视频讲话。视频中，束从轩先生表达了面对重大公共卫生事件，企业到员工的静止是对抗疫事务的支持，他还表达对员工的慰问，最后手撕员工要求在疫情防控期间主动放弃薪水的联名信，并说道："感谢你们的大爱，哪怕是卖房子、卖车子，我们也要千方百计地确保你们有饭吃、有班上。"

新冠疫情伊始，封控对餐饮业的影响很大，束从轩的表态无疑是逆流而上，有积极主动的社会担当，瞬间引起无数网友围观，带动老乡鸡的微博红了。接着，微博网友发现老乡鸡的微博人设是一只显眼包属性的小鸡，不仅动不动就"咯咯咯咯哒"几声表达情绪（见图 6-1），而且很喜欢和微博网友互动，热衷抖包袱，还喜欢向网友透露老乡鸡办公室的故事。

在微博和老乡鸡的官方号玩耍，会发现这只小鸡喜欢抖机灵，而且每一次都是站顾客立场不站公司，妥妥的良心客服小鸡很快赢得诸多微博网友的青睐，甚至有网友表示，隔三岔五看不到老乡鸡发"咯咯咯咯哒"就有失落感。而身为董事长的束从轩与老乡鸡微博的互动水平之高堪称教科书级（见图 6-2）。

图 6-1　微博"老乡鸡"界面

图 6-2　束从轩在微博和"老乡鸡"的互动界面

　　董事长对工作的高标准严要求、员工以用户喜好为中心的贴心态度，外加员工可以与董事长平等对话的企业文化，都完美融入一问一答间。

　　此互动后，"眼里不揉沙子"的微博网友开启了监工和打"小报告"模式，纷纷跟进"揭发"，表达这只品牌微博背后的小鸡一直"咯咯咯咯哒"，工作很轻松，一派告状的声势（见图6-3）。不知不觉中，#见过最轻松的工作#的话题上了热搜。

图6-3　网友留言

　　老乡鸡董事长的个人微博与品牌微博协同，各司其职，前者负责峥嵘，偶现便为企业严谨负责的形象背书；后者欢快热情，自带显眼包属性，负责与网友拉近距离。当个人品牌微博碰撞企业品牌微博，矛盾冲突触发话题显得如此轻松，而吃瓜群众在围观时，也不知不觉对老乡鸡愈发喜爱。

微博话题#四川的文旅局长卷起来了#的阅读量超 9600 万，吸引了无数网友竞相围观。在此话题热度上升的同时，四川省甘孜藏族自治州道孚县文旅局局长降泽多吉通过微信公众号"四川文旅厅"发布了"文旅局长说文旅"的一期视频。视频中，降泽多吉化身宇航员、唐明皇、格萨尔王等角色，将道孚县最具代表性的景点呈现在大家面前。这种 cosplay（角色扮演）的新潮模式，让网友眼前一亮，纷纷评论点赞。随着网友们的广泛关注，该视频在短短几小时内热度飙升，直接出圈。①

这一轮热议，不仅使四川文旅红了一把，而且掀起的"卷"很快走出四川，变成全国各地文旅的"相爱相杀"。

道孚县文旅局局长降泽多吉，以个人角色出现在区域文旅品牌的微博传播中，凭借其出色的表现，不仅打破了人们一贯认知中政府官员不苟言笑的刻板认知，而且使网友记住了四川文旅品牌，使大家感受到了区域文旅为游客体验下大功夫的决心。

个体品牌微博与企业品牌微博可以协同形成更佳效果，但期望达到这种效果其实并不简单。回溯上述三个案例我们可以发现，个人品牌通过微博助力企业品牌，可以归为三种较为稳定的策略。

第一，个人品牌强于企业品牌。小米成立初期，雷军在互联

---

① 王越欣、李庆：《四川"网红"文旅局长 cosplay 火出圈，网友：局长们越来越卷了》，封面新闻，2023 年 2 月 9 日。

网圈已经如雷贯耳，其个人微博作为小米品牌的对外窗口，让受众对小米充满信心，很大程度上缩短了市场对小米品牌的认知周期，降低了小米成立初期的市场宣传成本。

第二，个人品牌有限。老乡鸡董事长束从轩和老乡鸡微博的协同，堪称经典。身为连锁中式快餐行业企业家，束文轩的知名度本有限，但其以企业家精神与社会担当，带老乡鸡走入大众视野。随后，老乡鸡微博的人设化运营以及与束从轩个人微博的场景式互动，使束从轩个人品牌微博与老乡鸡品牌微博都鲜明起来。

第三，个人品牌与企业品牌均有限。道孚县文旅的案例具有代表性，该项目首发甚至不在微博，但文旅局长有角色反差的 cosplay 情节将普众传播转移到了微博热议，进而发酵裂变，文旅局长"内卷"的话题热度持续上升，从而强化了大众对于道孚县文旅的记忆度与认知度。

个人品牌微博与企业品牌微博的协同，需要按照个人品牌微博本身的立场与强度，拟定和企业品牌微博的协同策略，以合适的角度进场。此外，个人品牌微博与企业品牌微博协同，使用个人品牌微博的多为企业高管，因此，个人品牌微博还需要适配企业文化及个人人设，在公众场域微博上既不至于违和，又不会因为个人风格影响企业品牌的既有基因。

有人把有影响力的"大 V"在微博的作用比喻为"高塔"，把普通用户之间口口相传的广泛热议比喻为"广场"。当企业高管成为足够高的"高塔"，就会被"广场"上更多的人看到，发挥其影响力优势。同样，品牌如果站在"高塔"上，也会被更多客户看到。自此，企业创始人、高管等入局微博，开设账号，持续与用户沟通的新阶段开启，并不断被采用、被认同。而对于未来是否会发生"翻车"的情况？暂时还不得而知，但是笔者有几条建议：做自己，真诚、不装，价值观正确，保持谦卑，保持面对网友质疑的勇气，持之以恒，也许方能有所成绩。

下场互动，让品牌微博话语权鲜明起来

品牌微博话语权这档子事儿，全微博玩得最溜的可能是杜蕾斯。微博尚处于发展初期时，中国的微博营销培训课程中最常用来剖析微博人格化的案例基本都是杜蕾斯。

杜蕾斯微博爆火，是运营团队精心耕耘的必然，也是行业属性的必然。尊重中国公序良俗的杜蕾斯另辟蹊径在社交媒体上创造品牌效益，微博就是杜蕾斯的最佳发挥阵地。

杜蕾斯微博给人的一贯印象，是天下万物都可联想到杜蕾斯的思维狂人，其创新联想和用户互动都是微博营销的上上之选，而杜蕾斯亲自下场玩自己家产品这档子事儿，10多年前就已驾轻就熟。

2011年夏天，北京暴雨，罕见的极端天气让城市排水系统不胜负荷。有些读者或有印象，那天，北京各地铁站入口都呈现瀑布倒灌的场景，笔者的一位同事将包扛在脑袋上涉齐腰深的水步

行了 7 小时才回到家。那天，杜蕾斯微博运营团队的小伙伴被困在办公室，灵机一动开启杜蕾斯产品玩耍模式，随后，一条炸裂的微博很快传遍全网。

2011 年 6 月 23 日 17 点 58 分，某微博网友发布了一条'北京今日暴雨，幸亏包里还有两只杜蕾斯'的微博，配图是一张将杜蕾斯当作鞋套的照片，该条微博在极短的时间内就被转发了 100 多次。当日 18 点，杜蕾斯官方微博转发该微博并评论，而后的 1 小时，该条微博每分钟的转发和评论都以数百条的速度增长。截至第二天下午 1 点，该条微博被转发超过 7 万次，杜蕾斯也随之登上了微博热搜榜[①]。

一个从来不吝啬下场玩自己家产品的微博，注定不乏下场掀起热潮的勇气。

2023 年 2 月，杜蕾斯又整活儿了，这一次是与意大利品牌 DIESEL 联名，用多达 20 万个包装盒搭出一座活生生的"山"，作为秀场的背景。

相信很多读者与笔者一样，第一反应这是什么壮景？20 万个包装盒是什么概念？在米兰时装周，这样的山真实存在！大秀当天在时尚圈激起一波自然热度后，杜蕾斯和微博都敏锐地觉察到，可以借微博热点优势让这次'整活儿'变得更热闹点[②]。

---

① 品牌新观察：《擅长借势营销的品牌，都特别容易火！》，2018 年 6 月 20 日。
② 营销新说 Openday：《杜蕾斯打进时装秀，微博"随"了一个热搜》，2023 年 4 月 24 日。

趁热打铁的杜蕾斯、DIESEL 与微博获得共赢，话题阅读量快速过亿，网友对杜蕾斯表示认同。网友的评价从时装周快速延展到保护无处不在，再衍生到性行为安全的品牌精神附和与响应。

如果说杜蕾斯带来的联想是激素，旺旺也许属于实际年龄与外表反差比较大的类型。尽管其孩童状的辨识体系广为流传，旺旺却已经 62 岁了，但这个品牌在微博场域下场互动起来，丝毫不怯场。

旺旺有强大的自媒体矩阵，各账号各司其职，是有组织性、纪律性的自媒体矩阵（见表 6-1）。

表 6-1　　　　　　　　　　旺旺的自媒体矩阵

微博	粉丝	认证	品类
Matt 旺家	185.9 万	旺旺集团首席营运官	—
蔡旺庭	21 万	旺旺集团饮二事业部 副总经理	—
旺旺俱乐部	262.2 万	上海旺旺商贸集团有限公司	官微团宠
浪味仙官微	32.6 万	旺旺官方微博	零食
旺旺 小小酥官微	15.4 万	旺旺集团官方微博	零食
旺旺水神 WaterGod	15.1 万	旺旺集团旗下家庭消毒品牌	除菌

续表

微博	粉丝	认证	品类
旺旺_贝比玛玛 BabyMumMum	9.8万	上海旺旺食品集团有限公司	米饼
旺旺邦德先生	16.9万	上海旺旺食品集团有限公司	咖啡
MrHOT辣人	16.4万	上海旺旺食品集团有限公司	主打"辣"

注：数据统计截至 2024 年 8 月 3 日。

旺旺自媒体矩阵按照面对的粉丝不同有诸多角色，却都保持一个共性，那就是有热点时绝对不含糊。于是，旺旺的粉丝会发现，自己关注的旺旺账号会随时随地跨界出现在任何可以想象的热点。到了一定地步之后，网友已经自发行动起来，主动在旺旺的家族微博上靠热点。

电影《芭比》上映，于是"旺仔俱乐部"的画风是这样的（见图 6-4）。

全民都在讨论《长安三万里》时，"旺仔俱乐部" cosplay 李白与高适（见图 6-5）。

旺旺自媒体矩阵的打法相当奇特，凭借任何热点都不可放过的态度，旺旺与千千万万粉丝一样，是网络社会一分子，关注热点、参与热点，很诚挚，从而赢得用户的认可。

此外，旺旺和当代职场人的共情可以打满分，虽然其品牌LOGO 是小朋友，可表达出的职场感受让很多粉丝都感同身受，很容易与其站在一个阵营与立场思考问题、交流感受。

旺仔俱乐部 👑
昨天 11:17 来自 微博网页版

you're a 仙比 girl in the 仙比 world

@浪味仙官微 ✅
🖤Hi,我是仙仙🖤
昨天开心，今天开心
天天都开心 直到永远

8-1 12:00　　　　　　　　⤴ 19　💬 44　👍 104

图 6-4　微博"旺仔俱乐部"与"浪味仙官微"的互动

旺仔俱乐部 👑
7-19 15:00 来自 微博网页版

"在下李白！"
"在下……高适！"

⤴ 308　　　　💬 468　　　　　👍 3.6万

图 6-5　微博"旺仔俱乐部"cosplay 李白与高适

旺旺自媒体家族的独特打法，与旺旺 62 年来的孩童品牌印象相关。作为休闲零食品牌，旺旺给出的品牌传播语言永远是友善、沟通、祈福，这样的品牌传播语言历经多年积累，会触发网友的好感叠加。伴随好感度的递增，旺旺蹭热点在网友看来和小孩子看什么学什么一样，没什么问题，不会有网友跳出来指责。此乃旺旺 62 年来积累下的人气护航，其他品牌未可轻言。

而肯德基的营销打法很有逻辑性，也充满趣味性。自从肯德基推出"疯狂星期四"（每周四肯德基的固定活动，每周四固定打折）以来，每到周四，"疯狂星期四"这个关键词的搜索指数就会增长，极其稳定。

"疯狂星期四"源于 2018 年肯德基推出的每周促销活动。上线伊始，肯德基便高度重视，请明星代言、进行海量推广。但连肯德基自己都没想到的是，这项"疯狂星期四"活动到后来基本变成网友接手自主运营的活动，从肯德基的官方行动演变成肯德基与粉丝的联名狂欢。其中，最有代表性的被称为"疯四文学"，即网友在微博等社交媒体撰写一段任意短文学体裁文字，无论情感多么真挚或悬念迭出，最后 100% 有一句："那么今天是肯德基'疯狂星期四'，谁请我吃？"后来，和"疯狂星期四"话题相关的微博都在搭讪肯德基。有一句话广为流传："没有人会永远吃肯德基，但永远有人在星期四去吃肯德基。"

肯德基官方微博已经从疯狂星期四的组织者逐渐转化为参与者，雷打不动地每周发布"疯狂星期四"的优惠活动，随后把全网的狂欢权彻底下放给粉丝。

看图 6-6 中的数字就可知晓，"疯狂星期四"的人气达到何种地步。

图 6-6　微博"肯德基疯狂星期四"话题界面

肯德基"疯狂星期四"，可以视为微博上的肯德基购物狂欢节，这个狂欢节的原始状态由肯德基官方微博定义，随后话语权转移到粉丝手中，粉丝玩得不亦乐乎，而且在商品和情感上双重获益。

品牌下场互动，掌握强大的品牌微博话语权，是高阶玩家展露身手的地方。

杜蕾斯的做法是凭借卓然不群的创意能力，下场互动带着粉丝们进入杜蕾斯的微博话语权场域，融入杜蕾斯的品牌微博话语权。

旺旺的做法是和微博用户一样蹭热点、体验职场等，与粉丝共建品牌微博话语权。

肯德基的做法是用品牌微博下场搭建热门话题场域，接着在漫长运营过程中，逐渐将热门话题的话语权大幅让渡给微博粉丝，将肯德基的大促日演化为公共意义的大促日，成就"疯四文学"的庞大人群基础与"疯四文化"。

品牌下场互动，既能强化品牌微博话语权的掌控力，又能让粉丝得到情绪价值和商业价值的多重满足，并且强化与品牌的关联，这是品牌玩转微博不可或缺之利器。

品牌咫尺零距离

在微博场域，品牌不仅需要处理自己和粉丝的关系，还需要处理自己与粉丝间涉及热点的关系，以及品牌与品牌的关系。在中国的文化与商业传承中，品牌与品牌间长期以来存在距离感，保持对彼此的尊重，并且小心翼翼地在自己品牌的一亩三分地耕耘。

这种东方文化独有的品牌传承风格，与西方品牌文化之间的差异极大。在欧美的品牌观念中，看热闹不怕事大，如果有事必须造势，如果没事就找点事情一起玩。2019 年，特朗普在白宫摆了一桌汉堡宴，出现在白宫餐桌上的除了汉堡一把手麦当劳和汉堡二寨主汉堡王，还有北美汉堡届三当家 Wendy's（美国快餐连锁集团）。对中国消费者来说，Wendy's 相对陌生。其实早在 21 世纪初，Wendy's 就曾经进军中国华南地区，却因为其牛肉饼是现煎，成本高于麦当劳、肯德基，用餐环境又达不到轻奢餐饮的收费标准，在中国"水土不服"，后来很快退出中国市场。

Wendy's 传承的品牌风格就是"怼文化"。早在 20 世纪 80 年代，Wendy's 极具踢馆风格的广告差不多"怼"到麦当劳脸上去。广告中，一位老人在麦当劳愤怒地拿着手中的汉堡质问道："汉堡里的牛肉呢？"

Wendy's 在社交媒体上也是一言不合就"怼"起别人来，其与网友在 Twitter 上曾发生如下对话（中译版）。

场景一：

网友：Wendy's，你可以删号关门了，没人喜欢你的冰冻垃圾。

Wendy's：我们有百万粉丝，喜欢我们的人海了去了！

场景二：

网友：Wendy's，你可以帮我找到最近的麦当劳吗？

Wendy's：（发送了一张垃圾桶的图片）。

汽车行业的一个著名案例同样曾引起业界的极大关注。2019 年，时任奔驰总裁的迪特·蔡澈退休，宝马 Twitter 账号发布了一条更新："Retirement is when you can leave your past behind and embrace your future."意为退休就是和过去说再见，去拥抱未来。看起来温情满满，不知道这算是竞争对手的致敬吗？

不过，别把这场品牌传播大戏想得太简单。后来，宝马在社交媒体发布了这样一则短视频：退休的蔡澈深情款款与大家告别，摘下工牌……随后，蔡澈先生站在家门口目送同事们乘坐一辆奔驰车离开，目光里满是落寞不甘……接着，剧情反转，蔡澈从家里车库开出一辆拉风无比的宝马 i8 扬长而去。

宝马在这则短视频中狠狠内涵了竞争对手奔驰一把：看吧，要不是在职，你们家总裁都开我们家车。当然，这种内涵流于表面，除呈现出极高的品牌叙事能力，也表达了对蔡澈的尊敬。

这种在社交媒体互掐脉门的品牌竞争，在西方文化中并不罕见，而且形成了一种不成文的默认容纳度，玩得好的套路即便来自竞争对手，被针对的品牌也只能笑笑，否则会被公众嘲笑玩不起，只能憋口气准备下一轮怼回去。

视线回到中文社交媒体微博的地盘。中国的商业文化中，品牌和品牌之间素来保持着合理的社交距离。可是在微博上，品牌与品牌一起愉快玩耍似乎已渐成习惯，品牌和品牌之间也在学习如何相处，不管是协同，抑或点到为止的互怼。

上面提到的前任奔驰总裁蔡澈与宝马的故事，两大品牌的微博官方账号迅速接招（见图 6-7），可这种接招仍然是礼节性的，互相吹捧，表达恰如其分的好感，不会让等着看两个品牌热闹的网友们窥视到任何端倪。

品牌在社交媒体的合理社交距离，不由品牌自己决定，而是取决于所在国家的商业问题。因此，中文社交媒体的品牌和品牌关系，需要基于中国国情出发，更多考虑协同。

瑞幸与茅台的联名活动，可能是近年来微博上最具代表性的案例之一。与所有白酒品牌一样，茅台面临"年轻人不喝白酒"

图 6-7　微博"梅赛德斯-奔驰"转载"宝马中国"发布的视频

的困境，希望"继续在场"以及"品牌年轻化"，所以选择与拥有大量连锁店的瑞幸咖啡合作。一夜间，酱香拿铁一杯难求，许多买到酱香拿铁的用户都主动拿起手机发布微博。

"就拿茅台与瑞幸的事件来说，一个中心化的热点话题#茅台瑞幸酱香拿铁#迅速登上微博热搜榜第 2 名，并带动多个相关话题接连登上了热搜，并在微博形成热点效应和共同讨论的氛围，让用户从对事件的关注引申到对品牌的深度讨论，成为品牌的粉丝。根据微博的数据，在茅台与瑞幸联名活动周期内，茅台品牌的兴趣用户有 67% 由该事件带来。且这次活动中茅台吸引的粉丝'95 后'占比超 50%，确实为茅台积累了不少潜在的年轻用户。"①

推出跨品牌创新商品，是茅台与瑞幸联名创新的第一步，大大满足了消费者日常对难以获取的茅台品鉴需求和在社交媒体晒照的情绪价值。微博是品牌创新商品之外的点睛之笔，通过微博这样的社交媒体场域的话题效应，本案例才从"推出茅台瑞幸酱香拿铁"，升级为"更多人知道原来可以买到茅台瑞幸酱香拿铁"，令参与联名的茅台与瑞幸均得到更高的品牌曝光、粉丝好评、品牌升温等回报。Morketing 指出，事件营销需要类似微博这种交互式的社媒平台来推波助澜，让一个爆点事件在某个时间点被彻底放大、引爆，最后得到"1（事件）+1（平台）>2"的最终传播效果。

喜茶和 FENDI 的联名商品及社交媒体合作案例同样值得关注。首先，联名是喜茶骨子里的品牌基因，据统计，在喜茶的发展历程中经历过数次联名，一次次持续的品牌联名活动让喜茶越来越为国人所知；其次，喜茶与 FENDI 是一次主打高级感的联名，联名款纸杯和纸袋均采用 FENDI 的标志性黄色，简约且极具时尚感，很容易形成社交话题。

社交媒体上，喜茶的微博账号与 FENDI 的微博账号均被大量粉丝晒照片"艾特"，而衍生话题都指向联名商品的紧俏程度（见图 6-8）。

---

① Jennie Gao：《年轻人不爱喝白酒，从茅台看白酒品牌如何破局》，Morketing，2023 年 9 月 26 日。

#喜茶fendi联名#
3.4万讨论 4590.6万阅读

#喜茶fendi周边卖至百元一套#
5月17日，喜茶与FENDI联名推出周边被网友疯抢，不少线下门店均已售罄，有网友...
3688讨论 1956.6万阅读

#喜茶fendi联名周边卖断货#
5月17日，喜茶与fendi联名推出周边登上热搜，网友表示，买两杯联名奶茶就送F...
3128讨论 1055.8万阅读

#喜茶fendi联名周边黄牛溢价超5倍#
5月17日，喜茶与奢侈品牌Fendi推出联名饮品，单杯定价19元，含联名周边的限...
75讨论 20.7万阅读

#喜茶和fendi联名送周边#
5月17日，喜茶和FENDI联名合作的饮品正式在全国门店上线。据悉，此次合作除了...
2042讨论 109.2万阅读

#喜茶fendi联名合作门店爆单被疯抢#
5月17日，喜茶和FENDI联名合作的饮品正式在全国门店上线。据悉，此次合作除了...
182讨论 80.3万阅读

#喜茶fendi联名周边炒至150元#
8讨论 11.4万阅读

图 6-8 喜茶与 FENDI 联名的微博衍生话题

这是一场原生于社交媒体的视觉盛宴。许多微博网友的发文配图均是清一色的黄色，晒的是站在时尚圈前沿的自信与喜悦。

综上，品牌需要提升两种思维：第一种，品牌在微博上并不是孤立无援的，品牌微博所面对的群体也不局限于粉丝，还有其他品牌，可以和其他品牌共同策划出很多双方粉丝喜闻乐见的微博创新行动；第二种，所谓的商品联名重要的不仅是联名商品售卖，更重要的是让更多粉丝进入品牌希望的心智对话模式，让联名从商品到品牌，从售卖到传播。

从热点可借势，到热点必借势

微博有一个先天的场域优势，那便是任何人、事、物的大范围传播不可能绕开微博这一环节。正因如此，当微博和品牌一起在热点时空创造传播效益时，得天独厚的社交裂变效应就显得极为可观。

热点借势，本质上需要对热点具有高度的营销敏感度，并且快速反应，加以可利用微博场域的合理策略，进而形成网民的关注与聚焦，话题性得到扩散，达到国民级的传播覆盖范围。

在微博场域进行热点借势营销，通常需要具备一些关键要素。

热点背景：确认借势的热点本身的热度如何？热度中存在的社交因素与裂变因素是否充分？是否具有某种社交连接机制的可能性？这种社交连接机制对微博网友来说是否足够新鲜，可以被吸引？希望借势的品牌通过借势想达到什么样的营销传播效益？所希望的营销传播效益在社交层面的链路上如何达成？

任务分解：希望通过借势达到的目标可以拆分为几个维度？这几个维度通常由哪些阶梯子目标构成？如果尝试在微博生态内借势完成任务，将面临哪些难点？

受众洞察：热点借势项目的目标受众是谁？他们通常对什么感兴趣？哪类交互机制可以吸引他们介入并裂变传播？他们对何种载体感兴趣？

策略设计：热点借势的策略如何设计？设计策略需要划分为哪几个维度形成策略面的基本支撑？这些支撑策略基本面的维度如果得到实现，任务分解中的子任务是否都能得到解决？整体策略拆分的维度，需要以哪些执行面组合而成？

规划排期：在整个热点借势过程中，不同阶段的不同执行面分别需要做什么？项目时间排期是怎样的？需要什么样的资源（人力/物力/财力）才可以完成本次策略规划的执行？

效果预判：如果进入项目执行，预计可以达到何种效果？效果的子指标能拆分成什么？项目阶段的效果会如何呈现？

上述是热点借势营销规划中极为现实的问题，策略规划人员需要按照社交媒体策略结构提出问题并解答问题，最终获得在微博生态内执行规划的可行性结果，而这种策略规划工作，不仅需要娴熟的、经历严格训练的策略人员与缜密的执行人员推进，更需要对微博社交内容生态了如指掌的人员参与进来，以便策略能够针对性规划。

每年在微博进行热点借势的品牌如过江之鲫，其中有经验的、熟悉微博的、能良好组合资源的、找到与热点最佳借势机制的品牌，赢得了超出预期的传播回报。

"植村秀×春节晚会""乐事×微博电影之夜"等是具有代表

性的热点借势营销案例，发挥着标杆示范作用。

春晚是中国近年来最大的 IP 之一。对于这样的 IP，品牌能借势实现家喻户晓难度不是很大，但今天品牌的关注点不只是被知道，还有被记住。那么如何把品牌自然地装进春晚这个 IP 里，就需要一些"技术"。植村秀有一款"王炸"卸妆产品"琥珀洁颜油"，作为一款卸妆产品融入春晚舞台，离不开明星和妆造这两方面。但是品牌和谁结合，怎么切入妆造这个话题是重点。从微博的社交表现上看，有两个趋势：一是近几年传统文化的声量越来越高，一到春节、元宵节、中秋节等这样的传统节日，与传统文化、非遗有关的话题就备受讨论；二是大众的春晚关注点已经不只是节目，对春晚舞台的台前幕后更感兴趣，比如春晚前大家就开始关注春晚前的"联排"工作。

植村秀正是看中了这个机会，于是选中了极具热度的#春晚第四次联排明星阵容#、#春晚最后一次联排#这样的话题时机切入。春晚当天，植村秀邀请了在《舞千年》中就火出圈的舞蹈演员华宵一，以及凭借《新龙门客栈》圈粉无数的越剧演员李云霄，进行了一次#春晚演员卸妆挑战#。华宵一表演完《锦鲤》退场后，为粉丝展示了一场沉浸式卸妆。舞台妆既要为角色服务，也要考虑到舞台上的灯光效果，因此舞台妆容会画得很浓，这对卸妆来说确实是一种挑战，顺势体现出了琥珀洁颜油的功效。

李云霄同样有浓妆"痛点"，她和陈丽君在春晚上演的是著名戏曲《梁祝》。对于戏曲演员来说，脸上涂抹油彩，不仅对皮肤伤害大，清洁也是谢幕后的重要环节。网友们直观看到了琥珀洁颜油是如何快速将妆容、脏污溶解的。

也是基于这波热度，春晚后#华宵一素颜#这样的话题也出现在微博热搜上，引得话题二次发酵。当然，以上只是如何把品牌顺利地装进了春晚这个热点 IP 里，但是真正借到势，不仅是当时话题要有热度，更是要把势持续借到。随着春晚的结束，植村秀紧接着发起了对春天的问候，做了一波#春日焕新季#活动，把明星的热度发挥到极致，演员王一博、郭晓婷、胡兵等，都开启了明星严选的模式。#明星都爱用的卸妆#话题使植村秀琥珀洁颜油牢牢刻在了许多消费者的脑海里。

如果春晚是第一 IP，论及明星效应一定少不了微博电影之夜。集结了大半个娱乐圈的微博电影之夜，是粉丝的饕餮盛宴，早在微博电影之夜开始前几个月，就有不同明星的粉丝团预测该年盛典会出现的故事。到了微博电影之夜当晚，粉丝们密切关注盛典后台会发生什么与明星相关的故事。场外的故事通常是粉丝们快乐的源泉，例如，杨幂在微博咨询会场冷不冷，惠英红在微博透露候场时无所事事所以在打牌。这种明星不经意间透露的信息，让粉丝们如痴如醉。

"微博数据显示，2022 年明星零食相关热搜就有 36 个，类似#高圆圆片场吃零食#的生活向话题也时常被推上热搜。通过查找往年盛典活动微博还发现，明星因为行程安排紧，在候场过程中很容易饿，对进食的需求更甚，再加上直击明星后台的这类内容，迎合了大众的猎奇心和窥探欲，能让人们从平实的镜头中看见明星生活化的一面。"①

看不见的后台永远更容易触发粉丝的关注。"对于普通人来说，明星化妆间具备天然的吸引力，而这一次，乐事就机智地深入了鲜为人知的后台场景，不仅将满载乐事薯片的购物车搬到微博电影之夜现场，还化身成'化妆间专属零食'，被摆放在明星化妆间的显眼位置，用来给候场明星们解馋消闲。"

这轮不动声色的乐事薯片入镜，很快出现预想中的效果，演员王子奇与王玉雯面对镜头采访时，边吃着乐事薯片，边互相调侃，快速成为热门话题。作为采访镜头内理所当然的"道具"，乐事薯片也很快引发网友关注，有网友直接表态要开启"买买买"模式。

除了王子奇、王玉雯的乐事薯片同框话题，本案例策划敏锐地抓住了一个点——明星出席微博电影之夜其实是在工作，因此及时抛出话题#工作中的快乐秘诀#，将热点从盛典无痕转移到乐事品牌身上。话题#工作中的快乐秘诀#登上热搜，48 小时内突破了 1.1 亿次阅读量，话题总在榜时长超 18 小时。

这是一次发生在微博场域内成功的热点借势营销，但这不是孤例，每年都有成百上千的品牌尝试在微博发起热点借势营销传

---

① 社会化营销快讯：《微博电影之夜，乐事打入明星后台》，微博，2023 年 6 月 28 日。

播项目。回到本节开始时作者提到的，了解项目背景（热点背景+品牌背景），了解媒介特性（微博有哪些产品能在热点借势营销中做到效能最大化），以科学性的策略规划进入项目，热点仍然是热点，但品牌将从热点的围观者变成热点的参与者，将与热点一起，和用户愉悦地沟通交流。

第七章

百业并掘，持续深耕

制造业二次品牌营销革命时代的微博

制造业正在经历第二次品牌营销革命。中国制造业营销的第一阶段为商品匮乏到渠道铺设阶段，解决商品从无到有的问题。由于当时的制造水平较原始，该阶段的品牌通常强调工业参数或省优部优国优，作为消费者购买品质商品的保障。而今的制造业正在经历第二次品牌营销革命。改革开放多年以来，在大量制造业品牌的共同努力下，工业品质量得到保障，在此背景下与消费者聊工业参数的意义就极其有限，一则消费者对晦涩难懂的工业参数仍处于发蒙状态，二则由于工业参数稳定，工业品质量也过关，中国消费者对某个工业品做出购买决策，基本是冲着工业参数之外的情绪价值去的。

二次品牌营销革命，要求制造业品牌学会如何叙事，学会如何与消费者共情，学会如何用社交媒体处理消费者交互与口碑传播。不是品牌想推销什么就向消费者推销什么，而是消费者想听什么，品牌就应该讲什么。

作为手机品牌，华为自己可能都没想到，邀请刘德华作为代言人并出席发布会，发表以"非凡大师"为主题的演讲，能掀起如此巨大的微博网友声量大潮。"明星代言不是啥新鲜事情，但每个品牌的出招姿势不同，最终的传播效果也截然不同。而华为和刘德华的合作如此备受关注，得益于品牌和代言人本身都有荣光加身，双向奔赴自然不愁没看点。但细拆来看，华为这波操作的优势之处还在于，并非单纯地以热点取胜，而是真正深入用户感情层面完成一次加温。这种触及人心的代言玩法，显然蕴含着更强的能量，能够极大缩短品牌和消费者的距离。"①

刘德华与华为的合作引出了一个相当值得关注的现象——刘德华并未开通微博。尽管刘德华在中文影视圈有着极为庞大的粉丝规模，但在微博这一社交媒体阵地，其并没有流量着陆点。这也反向论证了微博场域的特征——现实生活在社交媒体上的数字化映射。只要是现实生活中的元素，就可以在微博场域形成相应的关注以及人气反应。还原到刘德华与华为的发布会合作中，刘德华的粉丝不知不觉"寄情"于发布会，将发布会场景视为在社交媒体上同步对话偶像的场景，进而实现话题的延伸、发酵、裂变等效应。

---

① 营销新说 Openday：《"刘德华为在"，一场非凡的热点狂欢》，微博，2023 年 10 月 20 日。

　　而在笔者看来，本项目的成功是因为华为在案例策划实施中的四个关键因素。

　　第一，刘德华的人设与华为的人设高度匹配。已过 60 岁的刘德华非常敬业、勤勉、自律、上进，素来是艺人的楷模，而华为的企业气场与品牌气质亦不是强调天才结果论的风格，无论是创始人任正非先生的兢兢业业，还是华为 20 万员工的稳扎稳打，都显示刘德华与华为之间有着共性：勤勉造就非凡。当刘德华成为代言人，并且以"非凡大师"为题进行演讲时，这种共性被微博网友及时捕捉并传播放大。

　　第二，微博传播阵地的正确选择。艺人的根基在于粉丝数量，而粉丝唯有在正确的社交媒体才能实现品牌传播声量裂变。如前分析，这里的粉丝是泛意义上的崇拜群体，而非狭义的账号关注者。

　　第三，当网友自发创建话题追热点时，当刘德华在"非凡大师"演讲中诠释平凡与非凡时，华为品牌精神便得到了充分理解和扩散，化抽象为具象。

　　第四，热点随着刘德华的一举一动，始终存在，对声量的引导、延续与沉淀均起到重要作用。

　　值得关注的是，刘德华有抖音账号却没有开通微博，但以微博场域实现与华为合作的社交裂变。这种玩法并不是孤例，第六章提及的道孚县文旅局局长降泽多吉同样选择在抖音发布内容，随后在微博触发了内容社交裂变。

这也从另一个方向论证了本书第四章提到的传播链路。事件传播通常由某个资讯网站/资讯 App、某个微信公众号、某个社交媒体等开启。信息发布后，初步形成网友关注，随后，部分网友会转发信息到微博，通过微博快速裂变成为规模化声音，进而引起更高级别的社会关注，资讯网站/资讯 App、微信公众号、其他社交媒体等再通过微博意识到事件的社会影响力，继续转发报道，形成传播闭环链路。通常，事件通过此链路实现社会影响的覆盖时长并不确定，部分事件可能是短短两三天，部分事件可能会需要几周或几个月（见图 7-1）。

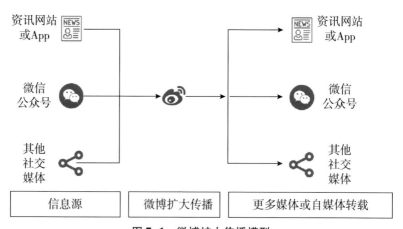

图 7-1　微博扩大传播模型

除了智能手机，当代工业的另一个重要细分行业是更规模化和职能协同化的汽车行业。当前恰逢传统能源车与新能源车的跨时代过渡，无论是传统能源车还是新能源车，均不遗余力地利用微博的生态特性向网友讲自己的故事。需要关注的是，汽车行业品牌营销有一个优势、一个特点与一个短板：

优势：由于汽车规模化工业的特征，相比其他行业，汽车行业有着更为充沛的预算，可以支撑品牌营销的规模。换句话说，汽车行业的预算规模常常可以支持其做出其他行业做不到的营销行动。

特点：正因为汽车行业的预算规模较大，对于品牌营销创新的探索素来不遗余力，这也造成汽车行业的品牌营销水平几乎都在均线以上，很少有能甩开其他汽车品牌一骑绝尘的营销创新爆发力。

短板：整个汽车行业似乎都不擅长叙事，这里不是特指哪个汽车品牌，而是泛指汽车行业整体的叙事能力平平（妄评，希望汽车行业同仁海涵），这就造成汽车企业经常用大预算做出精美创意，但用户只记住了创意却记不住汽车品牌，本质还是汽车行业创意表现的范式化，缺少叙事方向的有力突破。

因此，如果想把汽车营销做好，势必要利用上述的优势、立足上述的特点、规避上述的短板，才会出现让消费者、行业观察者都眼前一亮的效果。如果回溯若干年来汽车行业的无数案例尝试，符合眼前一亮效果的案例并不多。小米 SU7 或许恰是例外，而小米首辆新能源车 SU7 的发布，同样源自雷军先生在微博的高水准操作，正如 360 创始人周鸿祎所评价的那样："小米应该成为所有新能源车制造商的营销师傅。"而京东集团创始人刘强东早就有过相关表述："不要跟雷军比营销，能把小米手机卖成几百亿，绝对不是一般人。"

微博粉丝超 2400 万的雷军一言一行都牵动着大量小米粉丝的视线。雷军虽然是企业家，但是他出身普通人家，通过不断奋斗而被公众认可。微博上的他有着真实的人设，有正确的价值观，有长远的战略眼光，有清晰的使命责任，这并不是任何企业家都可以做到的。流量时代，稀缺资源掌握流量的入口，而雷军就是稀缺资源，所以流量自然会走向雷军，并从雷军流向小米。

但是从小米宣布开始造车，就面临两重困境：一是小米该如何摆脱低价的标签？二是小米作为汽车赛道的入门选手，如何面对激烈的竞争环境？

为了让大家改变"低价"的认知，小米汽车先是开了一场技术发布会，但并未公布车辆价格。随后，在微博不断通过#米粉期望小米汽车 30 万左右#、#雷军称小米新车贵是有理由的贵#、#小米汽车到底卖多少钱#等内容成功降低用户的"低价"预期。

小米 SU7 上市后首月的交付量超 7000 台，首月锁单量超75000 台，这样的结果可以在一定程度上说明小米汽车的上市首战打了一场胜仗。在此过程中，微博营销对小米 SU7 的品牌人设建立起到了至关重要的作用，要知道，从更高层面的品牌战略视角看待此案例，小米既不具备新能源车赛道的品牌先手，也不具备传统车企多年积累的品牌惯性，小米扮演的是跨界挑战者角色，而跨界挑战者的初代产品能如此赢得消费者认可，只有一种可能性——产品具有相应的竞争力且品牌获得了用户的充分信任

（用户相信产品的竞争力将如承诺的那般得到完整的价值交付）。而在小米 SU7 的宣发周期内，这个黑马产品不仅需要"米粉"（支持小米的用户群体），还需要全生命周期里的朋友。在微博的场域下，不只有孤勇者雷军，还可以看到"米粉"、媒体朋友、车企朋友以及车主朋友，不同身份的朋友通过社交影响力造梗、玩梗，不断为品牌造势。

雷军先生领导的小米 SU7 上市过程，很像是现实与数字世界的平行会场。现实世界中的上市发布会如火如荼，而在微博围观 SU7 上市发布会的粉丝们同样热情洋溢，乃至于大有超过现场热度的既视感，这也是社交场域时代，制造业二次品牌营销革命所面临的切实挑战——消费者似乎永远在围观，但不满足于围观，一切品牌以及场域由品牌和消费者共同缔造。

全新食饮消费时代的微博

有一个有趣但常常被忽视的策略本源思考逻辑，任何品牌启动任何目的性的品牌营销计划之前，除了在意做得好不好，还要考虑做得对不对。正确的方向决定目标，而正确的做法决定行动之后是否可以触达或超越目标。

伊利看中了电竞行业在年轻消费者心目中的巨大影响力，于是，在 2023 年英雄联盟全球总决赛之际，伊利利用微博场域狠狠玩了一把品牌出圈，让自己与同类品牌变得不同。

伊利联手微博电竞，发起与英雄联盟相关的话题，聚集全网电竞玩家为赛事喝彩，共聚热爱，共攀巅峰。其间，"共赴热爱"话题在微博登顶，阅读量高达 65.9 亿。

与此同时，伊利在微博场域生态内融入直播观赛环节，让所有话题受众可以全程见证赛事精彩，从互动到玩梗，伊利比电竞粉丝更电竞，比年轻社交媒体玩家更懂社交媒体。

其间，插画师的电竞二次创作直接映射到伊利产品外包装上，将用户关注焦点从赛事兴趣扩散到 CP 兴趣，再不知不觉扩散到品牌兴趣，最终达到"品效双收"。

食品饮料快速消费品是社会消费品类别中的超级大类，有着数量庞大的细分赛道与大量的品牌。在传统时代，食品饮料快速消费品依赖渠道货架形成消费者购买；但是在新消费时代，消费者获取任何食品饮料快速消费品都并不困难，在手机电商零售App 上就可下单购买。在此背景下，如何让消费者在琳琅满目的同类商品中形成品牌记忆并且产生共鸣，便是关键。

国民级凉茶品牌王老吉选择了极其个性化的玩法。当然，王老吉在社交媒体的得心应手是多年来沉淀的经验使然，很多用户认为王老吉完全没有百年品牌的岁月沧桑感，大家相信王老吉比年轻人更年轻。

2024 年，王老吉邀约演员曾舜晞一起传播"吉文化"。曾舜晞曾主演《莲花楼》《孤舟》《七夜雪》等电视剧，迷倒了一大批年轻粉丝。而在戏外，曾舜晞也是一个阳光、真诚、温暖的人，与王老吉"老少皆宜"的气质不谋而合。这波"上大分"的梦幻联动，着实为王老吉带来不少关注度。王老吉从一位与品牌气质契合的代言人开始，启动本次行动。

农历新年对中国人来说是一个特殊的存在。这一天的吉运祝福与口彩，暗示着未来一年顺利圆满，因此，没有一个中国人可以拒绝吉运的到来，此话题启动即开门红。

作为新春期间的"顶流"IP，微博话题#龙年大吉#有大量用户甚至明星参与互动，刘涛、时代少年团等明星都带着这个话题分享内容。截至2024年7月，话题阅读量已高达80.3亿。王老吉借助IP不仅在用户中刷了一波超强存在感，也加深了网友心中王老吉与"吉文化"的关联印象。

受制于篇幅，笔者只尽可能用简洁的文字，描述王老吉为何会打赢新年吉运之战。

首先，王老吉抓住了新年的点。上文提到过，国人对新年吉运有疯狂的热爱，在新年之际将王老吉"吉文化"置入微博这样的社交媒体场域，水到渠成，事半功倍。

其次，王老吉的战略方向正确且坚定。笔者身为行业观察者，对品牌在此方向的评价是，王老吉在不遗余力地缔造新的消费场景。众所周知，"吃火锅喝王老吉"是其征服中国市场的金句，但凉茶品类增长到相当规模，王老吉或意识到，火锅场景正在成为品类或品牌进一步增长的桎梏，因此，王老吉从做二次元定制到姓名罐、高考罐，一直到本次的龙年吉运商品，万般努力只为一个结果——王老吉走出火锅场景，关联更多的消费场景。而以"吉文化"为核心的消费场景中，本案例的新年吉运亦是代表场景。征服新年场景，意味着每年的年关王老吉都会迎来消费者的思念，并带来销量的增长。

再次，微博阵地的基因与新年传递吉祥的习俗高度吻合。国人在新年都有拜年的习惯，而拜年就是互相说吉祥话送上祝福。微博代表中国社交媒体场域，其生态内的用户习惯就是在适配的话题中发声，当#龙年大吉#话题在合适的时间出现在合适的人群面前时，用户很难拒绝吉运到来以及接力传递吉运。

最后，王老吉的创新始终坚定不移在罐身做文章。龙年吉运礼盒红罐如图7-2所示，每个罐身都代表一种吉运加持，每种吉运都代表一种新年的美好运数。王老吉对"商品内容化，内容商品化"的包装创意驾轻就熟。

图7-2 王老吉龙年吉运礼盒红罐

王老吉是百年凉茶品牌，拾起浓郁国风特色的"吉文化"，有着先天的优势。而过去几年，王老吉的每一次"吉文化"营销都可圈可点，值得赞扬，期待下一波"吉文化"营销彪悍来袭。

如果说王老吉的龙年案例是数年沉淀的结果，那思念汤圆的柿柿如意汤圆案例项目就是一次非常卓越的破圈。

截至 2024 年 8 月初，微博话题#柿柿如意汤圆火了#已达到 1.3 亿阅读量。话题中的许多网友发言都带有望"圆"兴叹的话语，诸如"这汤圆谁能拒绝得了?""好看，可爱，好吃"。

思念推出的"柿柿如意汤圆"，和上文的王老吉龙年吉运项目有着异曲同工之妙：第一，商品被赋予新年文化特征，王老吉改变的是包装红罐，思念汤圆改变的是汤圆外形；第二，谐音图个吉祥口彩；第三，在微博掀起话题讨论和海量粉丝关注，如上文所述，国人在新年传递吉祥如意是千百年的文化本能，因此，"事事如意"转化为"柿柿如意"，这就创造出一个极其合理且用户愿意追随的分享理由；第四，自古以来，异形食品最大的痛点在于改变形状，同时需要使用包括新的食材、工艺等，因此，主题性的异形食品味道通常都一般，而这款柿柿如意汤圆则不同，口味赢得了微博网友的一致好评。

在食品营销快速消费品领域，由于商品与品牌较为感性，一旦出现优秀的传播案例，常常会被消费者津津乐道很久。但品牌享受这种甜蜜时，也会有甜蜜的烦恼。由于消费者对营销的阈值被拉高，这要求品牌的下一波营销必须实现自我突破。所以说，顶级的品牌营销难点从来不是击败竞品，而是超越自己。

也许，可口可乐不存在这种担忧。

可口可乐 2024 年世界杯微博营销项目是妥妥的登峰造极之作。对任何饮料品牌来说，世界杯营销是兵家必争之地，这种矛盾在于酷暑时分的世界杯营销的确会带来品牌和销量，可世界杯只有一个，想要在世界杯营销的品牌却成千上万，消费者将在短时间内面临眼中的营销信息过载。所以说，世界杯营销的难点在于让消费者在营销信息满天飞的境地中可以清晰记得品牌，这就意味着：第一，不能和竞争对手做同样的营销；第二，不能"炒冷饭"，不能用任何其他品牌在世界杯历史上用过的营销策略；第三，当成千上万个品牌都准备分世界杯热度一杯羹的时候，必须找到最佳的"狙击"位置，拿下世界杯的受众。显然，做比说难得多。

可口可乐的选择，策略不仅稳和准，而且足够狠！

可口可乐的策略说出来不复杂——预判热门话题。可口可乐借助微博数据分析及其自身强大的预判能力，锁定了 3 大热门话题，分别为：揭幕战相关话题#卡塔尔 vs 厄瓜多尔#；首战失利后，阿根廷和梅西的"救赎战"#阿根廷 vs 墨西哥#；C 罗"爆冷"后的#摩洛哥 vs 葡萄牙#。需要注明的是，上述选择并非一蹴而就，而是随着赛事进程循序预判。除此之外，可口可乐预判#

世界杯精彩时刻#的话题，势必成为世界杯期间的高流量话题。当可口可乐通过微博数据形成策略预判后，直接把预判的热门话题"可乐化"，变成可口可乐主场。热门话题即可口可乐，可口可乐即热门话题。结果呢？仅 3 次热点话题，就让可口可乐霸屏超 2000 分钟，阅读量超 25 亿。

回想起来，可口可乐的操作其实不复杂，品牌找到了最熟悉微博生态内数据的微博本体，通过微博数据对热点进行预判，随后的操作均为顺水推舟。而可口可乐的热点策略应用模式，又与大多数从业者脑海中微博品牌营销的方式有所区别，化繁为简，直达目标，这也是本书之前提到过的，微博有足够丰富且具有模块化特征的营销产品，根据目的与策略方式，可找到适配的产品组合。

大健康奔腾时代的微博

人口结构趋势，决定了大健康将是朝阳产业。根据人口统计预测，到 2050 年，平均每 3 个国人中就有一位超过 70 岁，大健康模块未来的产业规模可想而知。与此同时，2050 年时的 70 岁老人当是以"80 后"为主，均为互联网初代用户，使用数字互联网的习惯稳固且应用娴熟，进而言之，大健康时代的数字营销方式将以沟通消费者为主。同时，经历重大公共卫生事件的公众开始更关注健康，公众的重视程度远超 2020 年以前，这也成为大健康赛道稳健需求增量的有力基座。

大健康赛道的特点是细分赛道数量庞杂，从保健品到健身，从康养服务到医疗保险，这些细分赛道如果脱离大健康范畴，从工商统计名录的视角解读，又分属不同行业，因此，大健康是一个混杂无数业态的综合领域，没有一路通达的方法可以兼容所有细分赛道，需要根据赛道特点与消费者特征制定品牌营销策略。

对于大健康领域的微博品牌营销，一些行业特性需要把握。仍然回到大健康板块的赛道细分：如果是健身服务等细分赛道，微博营销模式很接近生活服务的模式，则可以消费者情绪共鸣为主线，部署相应的内容与兴趣机制；如果是保健品赛道，则应尽可能摆脱专家视角说教，将复杂的医疗科技术语转化为大众可以聆听、解读的应用语言体系，还原到生活状态或生活态度变化，谋求消费者认同；如果是康养赛道，则应尽可能以体验营销并配置微博话题的方式进行裂变传播；如果涉及第三类医疗器械赛道，则应注重品效链路，联动终端医生发声证言，增强公信力，并且辐射医生社交半径的病患；如果是医疗保险等金融保障服务赛道，则应强化与消费者的情感沟通，获得消费者共鸣。以上种种，不一而同，整体思路是走出套路化营销策略，以细分业态背景与消费者决策特征为设计策略的根本出发点，寻找创新与差异化交流价值，谋求传播与口碑的高度统一。

　　郝希纯医生具有相当的代表意义。2018 年年底，肺部肿瘤专业出身的郝希纯医生开始在微博上回答网友关于肺结节相关的问题，一开始只有 5000 名左右的粉丝；一年半后，粉丝增长至 11 万名；截至本书出版之时，郝希纯医生已经拥有超 41 万名粉丝。随着其个人品牌知名度的提升，很多患者从外省慕名而来看病。而郝希纯医生用自身的经历证明，即便在新冠疫情防控期间，其经营的诊所也没有受到太大的影响。原因在于：第一，医生塑造个人品牌在当今时代是完全可以实现的；第二，郝希纯医生显然不同于粉丝成百上千万的"名医"，他可以映射的是极具代表性的有能力的基层医生，而基层医生群体人数规模庞大，郝希纯医生发挥了极强的标杆示范作用；第三，中国医疗供需关系的改变常常在于底座，也就是日常，郝希纯医生在微博的故事或许只是底座的一部分，却是相当扎实的一部分。

　　郝希纯医生的做法正在被越来越多的医生所学习。除了郝希纯医生，南方科技大学医院心血管内科虞主任在大众被支原体感染所困扰的时期，在微博科普了阿奇霉素，一时引发热议，迅速积累了不少粉丝。

　　以上的例子可以反映出医生们开始意识到，医务工作者同样可以在微博缔造属于自身的人设，如诙谐的人设、积极的人设、乐意沟通的人设等。任何一种微博人设，都可以打破大众对医务工作者固有的冷冰冰的刻板印象。

　　有价值的尝试，常常在于谋定而后动，京东的话题借势，让原本专业性极强的药品，也拥有了被全民认知的机会。原因无他，抓住了用户痛点。

每年春日，草长莺飞，人类通常会出现两极分化，有些人热衷于欣赏春日暖阳，有些人则受制于过敏体质陷入苦闷之中。以笔者为例，祖传四代过敏体质，过敏到何种神奇地步？暂不提柳絮花粉苏打水，也不提涂料粉尘车尾气，笔者的鼻腔居然对最日常不过的冷空气过敏，也就是传说中只要有室内外温差便立刻会打喷嚏流涕。

氯雷他定对寻常人来说可能只是一个很难理解的词，却是过敏者的福音。于是，2024 年的暖春，一场关于氯雷他定的讨论暗搓搓上了微博热搜。究其原因，一则是许多网友对该话题有亲身经历；二则是相当数量的健康科普博主下场科普，提升认知；三则是权威媒体介入报道，进一步吸引公众视线，很快，氯雷他定的话题攀升至热搜榜榜首，阅读量接近 2 亿，讨论量超过 7 万，上榜时间超过 16 小时（见图 7-3）。

图 7-3　微博话题#氯雷他定#数据

这时候，京东从关注过敏患者日常健康的立场，提出"常备无忧，急用即到"的理念，提醒网友家中常备防敏健康好物，传递出一份春日的温情与关怀（见图 7-4）。这波营销引发大量网友关注，春天、过敏、京东 3 个关键词实现强关联，网友对京东的关注度大幅提升。

图 7-4　京东氯雷他定营销界面

曾有圈内人士如此评价京东氯雷他定微博营销案例："在大众认知中，健康领域，尤其是药品，很难成为全民热议的话题。但随着全民健康意识的觉醒，这几年不管是大环境还是个体感受，都越来越注重健康管理和疾病防治，以往如过敏、感冒、胃病等可大可小的疾病，日益受到重视，健康相关的话题也随之越来越多地进入大众视线，成为热搜榜的常客。如何吃到这一趋势的红利，与用户从容沟通，已经成为健康话题不得不面对的课题。从此次#氯雷他定#高居热搜榜榜首和京东的一系列玩法来看，健康营销依然要深入消费者语境，以发乎本心的真诚和细致入微的洞察，在恰到好处的时机、恰到好处的场景，恰到好处地出现，这固然很难，但也有迹可循。至少，京东这波便值得一看。"

如果讨论健康产业发展，则一定离不开保健品、营养品赛道。而营养品这个类目中有非常多的"小山头"，这些"小山头"的产品质量良莠不齐。而营养品又含有一定的专业认知门槛。对于大众而言，认准品牌是必然的结果。不难看出，市场上的头部玩家已经形成了一套自己的打法。

汤臣倍健作为知名的头部营养品品牌，"明星+体育"营销一直是其打开全民认知度的重要方法。在杭州亚运会期间，汤臣倍健联合新华网发布了一支极具正能量的 TVC（商业电视广告）《2023 正向浪》，在国民大事件前夕就已经为自己的品牌奠定了高基调。汤臣倍健先是树立了正面情绪，而后开始拔高认可度。赛事中，汤臣倍健绑定冠军选手，炒热夺冠话题，全程跟着大众的情绪热潮走。还推出体育明星的同款蛋白粉，销量猛增，一度位居行业销量第一，也把品牌和运动精神、正能量等词关联在了一起。

回顾大健康领域的社交媒体营销案例项目，微博可以为不同节奏的项目提供全方位助力。以郝希纯医生案例为例，微博在其塑造个人品牌阶段形成粉丝聚集的社交沟通场域，为促进讨论向热点话题并轨提供源源不断的驱动力。而以京东氯雷他定和汤臣倍健为例，微博在整个项目实施的先后阶段形成了网友口碑接力传承效益。

自由悦己时代的微博

从消费品视角看，人均 GDP 跨过 10000 美元，就会出现美业消费上升的趋势。GDP 跨过 10000 美元，便通常意味着工业体系成熟与物质商品保障稳定，既无温饱之困，人们自然而然会将消费转向偏向于和精神享受相关的细分赛道。作为衍生，"悦己"消费模式也将盛行，价值导向取代价格导向，成为新的消费观念。

微博作为意见表达的集中地，微博网民发布内容的实质可视为发布态度，悦己消费也更像是一种态度消费，渐成刚需。

悦己的生活态度，可以归为自我、独立、品质、平衡等价值取向，全面映射在人的健康、职场、情感、服饰等方方面面。转化到消费态度，会发现消费者对健康、职场、情感、服饰等更具主观决策欲望，人们更热衷于取悦自己。

　　微博是社会生活与消费生活的一面镜子，社会与消费的风貌可以在微博找到 1∶1 的映射点，因而，微博拥有大批有悦己消费态度的人。流量为王的年头，微博对各大消费品品牌来说无异于流量仓库，然而，微博秉承的态度素来是场域规则的缔造者与引导者，流量仓库固然不假，但想要将流量仓库的内存量激活，并转化为消费品品牌的用户资产，只能各凭本事。

　　巴黎欧莱雅的女性守护尝试就是浓墨重彩的一笔。伴随女性社会意识与法治意识的觉醒，防骚扰成为焦点话题。欧莱雅启动的#她守护36计#话题，由微博"头条新闻"发起，"新浪视频"发起投票互动。"青年报""民生周刊"等媒体账号参与讨论，搭建起了新闻媒体矩阵，为话题传播背书，通过头部媒体的醒目特征形成用户关注的基点。

　　走过预热期的欧莱雅发布 TVC，以 5 类有代表性的骚扰场景，给女性用户献上自我保护的 5 条锦囊妙计。这手"王炸"，直达人心。从第一性原则来说，女性遭遇骚扰本是较为隐私的尴尬事情，很多女性有着难以启齿的窘迫，且不知如何应对，欧莱雅反其道而行，将日常骚扰场景公之于众，并给女性支招如何有效地保护自我，赢得女性话题参与者的高度认同，并勇于参与、分享话题，共同呼吁全社会提升对女性防骚扰的重视。

　　如果说 TVC 与锦囊妙计将用户的立场归拢到一个战壕，欧莱雅随后吸引的一批优质 KOL 美妆博主"唐艺然 Emma"、母婴博主"蒲蒲 super"、情感博主"小叶来福子"、媒体人"王又又"进入话题，则进一步起到了示范作用。

这批 KOL 来自不同的领域，无一例外有着相当的粉丝号召力，号召女性用户面对骚扰无须恐慌，给予更多女性用户面对骚扰时抗争的勇气，且让女性用户形成共情，原来骚扰不是个人烦恼而是社会现象。既然如此，就让整个社会共同呼吁女性安全！

"巴黎欧莱雅通过微博创新产品 AB 面超级大视窗，为用户带来交互性体验。用户打开微博浏览发现页，超级大视窗自动播放品牌视频。在播放过程中，品牌预埋互动问题选项弹出，用户点击互动视频场景就可以全屏展示，选择不同选项内容沉浸式感受品牌故事线。在播放完毕后，用户点击查看详情，仍可到其他落地页体验完整品牌内容。"①

#她守护36计#话题获得了 3.1 亿阅读量，7.9 万讨论量，巴黎欧莱雅也因此收获大量女性用户的品牌好感与潮水般的好评。

回顾巴黎欧莱雅案例项目，会发现 3 个因素不可或缺。

因素一，巴黎欧莱雅选择了最具讨论性的话题。性骚扰问题不是一天两天的短期关注点，而是这么多年来全球人权组织聚焦倡导治理的社会问题，只是女性社会角色与观念使其常居弱势，不愿揭开这个话题的盖子。当巴黎欧莱雅把大众遮遮掩掩的难言话题放到桌面上时，赢得女性用户的支持理所应当。

---

① 山石：《从巴黎欧莱雅女性议题讨论，看美妆品牌的营销升级玩法》，微信公众号"社会化营销快讯"，2023 年 5 月 11 日。

因素二，平台与营销产品的选择。整个项目始于微博，过程中启动了多个微博营销产品，在不同阶段为项目传播形成关键驱动力量。巴黎欧莱雅娴熟地应用话题、KOL 扩散、引流、H5、TVC 等多种手段，令整个项目的传播期一直新鲜，为项目周期内的蓄力与发力构成流量基座。

因素三，本案例项目的边界早早超过了商业效益本身，触达到广泛的社会积极效益。任何商业品牌项目，如果可以在实现自身商业传播和品牌扩散的同时，为社会良性价值形成加持，便具有极强的品牌张力。而这也是本项目着力微博的根本原因，如此系统化且全程考验团队精细化操作的项目，或只有微博的内容生态结构与营销产品可以系统支撑。

在米兰发布的 GUCCI ANCORA 则诠释了奢侈品玩转一场大秀的营销手段。米兰春夏时装周素来被时尚圈关注，当 GUCCI ANCORA 在微博形成"红观"秀沉浸式体验空间时，联动微博时尚等账号，结合明星热点，将红人流量转化为对秀场的关注。GUCCI ANCORA 的微博秀场，可以形成奢侈品营销的标杆示范效益，即奢侈品发布和微博直播发布双线并进，把微博作为发布的社交秀场，与线下的实体秀场一起，同步掀起社交关注热潮。该案例也说明，线上社交与互动已成为奢侈品赛道大秀营销的标配。

结合以上 GUCCI ANCORA 案例可见，品牌可以使用任何"场"构建自身的营销场。同时，移动互联网时代用户注意力的分布具有场景化、碎片化、互动化特征，秉承消费者中心化营销理念的品牌很难用任何一个"场"实现全贯通，必须由更立体化、结构化、生态化的整合营销场群共同解决消费者沟通问题。而在这一场群组建过程中，微博便是不容忽视也不允许忽视的话题场、氛围场与流量场的聚集地。

波司登与演员杨紫的抖音超品日营销与微博场域相结合的案例，则为大众带来整合营销重新定义的思考。波司登和其代言人杨紫在上海南京西路的体验店做了一场线上直播的活动，直播活动不仅完成了原本线上传播的目标，结果还因为线下体验店聚集了非常多的粉丝，他们自发在微博上分享活动中杨紫的照片，并发表了对杨紫美好气质的赞美之词，这些内容在微博上几经发酵，衍生出了非常多的话题。原本一场纯线上的项目，最终却形成了一条线下线上融合的传播路径。什么是整合营销？这是一个在营销界存在超过 10 年的焦点话题。在 2010 年到 2014 年，笔者几乎每年都会参与整合营销相关的业界讨论，讨论参与者的大致分歧聚焦在：整合营销范围；用什么要素进行营销整合；何种态势符合整合营销的定义。整合营销这一话题在多年讨论中逐步落幕，不是因为构念明晰，而是构念始终不明晰，整合营销成为一种无可言状的混沌体，每种认知都有其道理，但每种认知似乎都无法获得共识。

波司登和杨紫这个案例所表现的是在微博场域实现充分扎根裂变，以往的整合营销是各通路整合、协同做一致化的表达，虽然广告形态不同，但线上线下广告是一样的。可是，现在的情况是品牌所构建的内容，无论是 TVC、直播间还是明星代言等，在不同的平台上所呈现的内容、形态都是有差异的，而且是在互相协同的过程中获得了最大化的流量红利。①

游戏产业蓬勃发展的背后，是年轻人对悦己的不断追求。上一代的大众娱乐是打麻将、下棋、打扑克等，而这一代年轻人的悦己消费则是看动漫、喝奶茶、打游戏等。

游戏元梦之星的新年营销案例就很得悦己营销的精髓。作为一款休闲游戏，元梦之星本就有着极强的社交属性。2024 年春节假期，元梦之星在微博实现了无数次破圈。在新年的场景下，多个明星发微博表示开始玩元梦之星。演员魏大勋号召大家一起玩元梦；歌手王栎鑫边玩元梦，边喊大家一起来拆新年红包。随后，很多微博上的"金 V""橙 V"博主也晒出自己元梦之星的战绩，号召网友玩元梦还能得新年红包，把在家过年的年轻人注意力拉到了游戏中。有不少网友反馈："元梦之星真香""玩法相当过瘾"。分析元梦之星的案例可以发现，其营销过程将生活中一环一环可以想象和接触的环节转化为微博场域的互动路径，受众潜移默化地从公众话题中国新年场域过渡到品牌场域，接受了一波深层次的品牌洗礼，与品牌携手共度龙年新春。

---

① 社交千斤顶：《从认知到口碑：波司登的社交营销进阶之路》。

站在 2024 年，笔者仍然无法用某种可以达成普世共识的语言描述整合营销。但笔者可以肯定的是，凡是整合 3 种以上媒介形态的营销模式，都不应忽略微博这一场域的存在。

悦己模式的特征几乎无迹可寻，因为悦己消费纵横数十个行业，每个行业的消费者沟通模式无统一范式，但微博的案例极为透彻地解构了悦己消费的两种基层作用力：驱动力与接驳力。

驱动力：自己发起微博话题，阶段与分支兼顾，内容与话题齐飞，将品牌的价值主张融合在一个话题节奏中，循序引出品牌，与用户融为一体。

接驳力：微博外启动品牌传播事件，将微博作为流量着陆与连接的接驳枢纽，完整容纳事件引起的话题流量并进行引导与分类，通过不同阶段的运营，使品牌传播效益最大化。

地方经济振兴时代的微博

图 7-5 是笔者在一次公开演讲时的展示页面。

当时的演讲内容主要针对社会消费变局期间的营销应对，于是笔者在 PPT 中解读了 2023 年社会消费品的一些结构化数据（国家统计局数据）。2023 年社会消费品零售总额为 471495 亿元，比上年增长 7.2%。按经营单位所在地划分，乡村消费品零售额增长 8%，城镇消费品零售额增长 7.1%。

图7-5　笔者在公开演讲中探讨"社会消费经济处于变局期吗?"

图7-6中的两份重要文件,几乎明示着乡村经济将成为内循环中更醒目的角色力量,而这一切都将和未来若干年地方经济振兴密切相关。

图7-6　笔者在2024年公开演讲中探讨"从增长到爆发 新的增量何在?"

地方经济的振兴，可以划分为两个不同的方向：第一个方向，我们可以称之为"走出来"，指的是乡村农林牧渔产品进一步品牌化与商品化，实现上行，并且给地方经济回馈以真金白金的可支配收入；第二个方向，可以称之为"走进去"，指的是乡村开发文旅等产业，让城市旅行者可以更便捷地实现乡村旅行，从而带动当地以文旅为核心的系列产业，包括但不局限于酒店、餐饮、服务、演艺等。

当然，地方经济振兴的路还很长、很遥远。中国地域面积广阔，需要若干年的努力，才可能缩小地区经济差与城乡经济差。但可以肯定的是，对中国来说，这是一条必须走通的道路，也是从大国到强国至关重要的过程。

在农产品上行方向的农特产购物节伊始，微博就为京东与中国三农发布（农业农村部新闻宣传官方平台）牵线搭桥，为本次农特产购物节吹响强有力的开幕哨（见图7-7）。

接着，微博联动官媒、地方"蓝V"、地方"大V"、乡村助威团等各大媒体官方账号，以矩阵式发声，规模化覆盖，将中国式丰收变成一段时间的社会焦点话题。

作家群体有着超出常人的文字感染力，在#作家笔下的家乡特产#话题中，作家梁鸿娓娓道来（见图7-8），记录的是家乡特产，唤起的是家乡记忆，唤醒的是微博网友越来越急切的味蕾期盼。

文体战线也不甘示弱，30多位明星开始为家乡特产代言。至

中国三农发布　🏆①

09月20日 10:02 来自 iPhone客户端

#中国式丰收#【丰收节，强农、惠农、助农一起来！】金秋已至，丰收正忙。值此丰收之际，我们迎来了第6个中国农民丰收节。@京东 助力全国超2000个产业带的海量高质量农特产走上消费者餐桌,加速中国农特产品走向品牌化、产业化、数字化之路,助力乡村振兴。源头直发，京东帮你挑，家乡好物就在 展开〉

　　　🔗 7　　　　　💬 3　　　　　👍 33

图 7-7　微博"中国三农发布"与京东开展"中国式丰收"营销活动

梁鸿　　　　　　　　　　＋关注

23-9-21 11:16 来自 iPhone 客户端

发布于 以色列

#作家笔下的家乡特产#一提到秋月梨，就想到深秋之时，家人炖的冰糖梨水，是专门找的这种梨子。清晨或晚间喝上一碗，清爽滋润，对肺部有极好的保护功能。而生吃则甘甜多汁、酥脆可口，没有丝毫渣滓。对我而言，它几乎是家的味道，携带着岁月和时间，扑面而来。来 @京东 看看我记忆中的秋月梨。🔗网页链接

图 7-8　作家梁鸿在微博参与话题#作家笔下的家乡特产#

此，明星的粉丝群被一一唤醒，一时间，#中国式丰收#话题在 3 轮内容驱动下已经成为当时微博最热门的话题之一。

　　这个项目可被视为农产品上行具有代表性的社会化媒体案例。微博显示出惊人的动员能力与执行能力，不同阶段配置不同属性的传播资源，不同话题从不同博主立场发出，资源合纵，统

筹连横，为京东农特产购物节形成消费者的认知升级——在消费者视线看来，这已经不是电商零售品牌的购物节，而是具有全民意义的农业升级行动，无论是媒体、作家、明星还是网友，每一个参与其中的人都富有荣誉感。

当然，从近几年关于文旅振兴发展的热搜中不难看出，各地文旅局在努力。我们可以看到旅游市场正在飞速发展，尤其是地方下沉市场，这也和大众消费观念的变化有关，大众出行从各景点的走马观花，变成一地的深度体验。寻找自然宝地当然成为出行的主要讨论话题，微博上有一个长线IP#一起玩地球#，该话题中，巴彦淖尔、芜湖、布尔津、克拉玛依等地的旅游受到了广泛关注。比如"巴彦淖尔的科目三是马背跳绳"这样的项目让网友们充满期待。2023年年末，基于IP长期运营下，飞猪推出66元的特价机票卡，打出了"低成本飞行的快乐"这一概念。一时间，#飞猪机票捡漏#话题抓住了不少对出行跃跃欲试的消费者，飞猪也通过投放工具对他们持续进行旅行内容的触达，因此，飞猪在2023年年末的出行词条中占据了一席之地，地方文旅的声势也因此得到提升。

随着地方热度的提升，增长的不止文旅，同样还有地方企业和地方品牌。2023年岁末，2024年年初，全网最红的城市无疑是哈尔滨。通过文旅部门的努力，#哈尔滨初雪#、#哈尔滨俄餐厅#等话题隔三岔五地出现在微博热搜中，连#冰雪大世界#都上过多次热搜，#哈尔滨#更是在热搜榜出现百次以上。坐落在哈尔滨的敷尔佳品牌，旗下有多款护肤产品，其利用哈尔滨的热点借势营销的案例，可以被称为哈尔滨之外最亮的仔。

为了与哈尔滨同频，敷尔佳参与了整个热点期，使用的话术词汇，尽力靠拢哈尔滨走红阶段的网络热梗，包括"尔滨的风""砂糖橘""茅台公主们"等，增强品牌与哈尔滨热点的语境原生度。在有趣有梗的素材博文进行铺垫，用户对敷尔佳与哈尔滨之间的关联有了基础认知之后，品牌进行了素材的更迭替换，醒目的标语不仅和热搜话题、官博文案有紧密联系，还和品牌投放的哈尔滨地铁海报同步联动，而且进一步强化了产品功效。比如跟#小凉皮想吃冻梨哈尔滨文旅宠溺回应#话题绑定时，官博在给不能亲临哈尔滨的网友喊话，海报写的却是"来尔滨修护心灵，用尔佳修护肌肤"，惹得不少网友调侃。如果尔滨是讨好型人格，那尔佳就是博爱型人格。再如和#尔滨的驯鹿已经学会主动贴贴了#话题绑定时，以海报上一句"我就是尔滨的妹妹尔佳"亮明了身份，"去哈尔滨皮肤太干，快用我"则切中用户刚需，再搭配官博对冷暖切换场景下护肤的介绍，谁看完不说一句应景。最重要的是，如此丝滑的品牌植入也能让人更快接受，激发消费者的兴趣。

通过语境原生的模式，敷尔佳扮演哈尔滨热点过程中的全程陪跑者，而关注哈尔滨热点的网友则发现，与哈尔滨相关的任何热搜都会看到敷尔佳的身影。敷尔佳将自身变成哈尔滨热点的影子，如影随形，无所不在，角色与立场比哈尔滨还哈尔滨，内容切合哈尔滨热点特征，适时晒出敷尔佳产品特性与品牌态度，大幅度增强消费者的兴趣度与认知度。

敷尔佳在微博的动作，最大回报就是几乎伴随了哈尔滨热点的全程，很多网友甚至默认了"尔滨"和"尔佳"的双生兄妹角色搭档。对一个大健康领域品牌来说，可以与一个地理位置标志文旅符号并驾齐驱，在社交媒体 30 年发展中极少见，而助力一切发生的品牌营销传播舆论结构均在微博。

地方经济振兴是一个较宏观的话题，涉及的形态、资源、区域、目的，均有相当大的差异。对社交场域微博来说，其有责任与义务助力地方经济振兴；而对地方经济振兴的主导职能部门来说，也需要更为科学地认知以微博为代表的社交媒体能释放的巨大能量：一则体现在消费力的号召动员，产生对地方经济的实际拉动；二则体现在品牌力的深构广筑，为地方经济的价值认知形成传播沉淀。

第八章

百人百态，与微博的百种构念

本土进化的力量——产业经济研究者眼中的微博

坦诚而言，中文互联网的原始萌生态有明显的精英经济色彩。20 世纪 90 年代最初踏足中文互联网"垦荒"的先哲，大致可划分为这样几类。

第一类是带着西方教育背景和生活经验的创业者，有名校背景，回到祖国就立志在互联网领域做一番事业，部分资讯门户的创始人具有代表性。

第二类是获得过西方投资的创业者，西方投资机构带着欧美互联网模式的经验对其进行指导，部分资讯门户的创始人有此经验。

第三类是完全的本土创业者，深耕于中文互联网，但走这条路线的本土创业者多在 21 世纪到来前没有获得充分的商业利益回报，如西祠胡同和天涯社区，错过了资本化的最佳窗口期。

也正因为互联网混沌时期的产业经验匮乏，从西方汲取经验再正常不过，包括效仿 Yahoo、Google、eBay 等，只是通过效仿走出最初的路后，几乎所有创业者都选择了更匹配中国国情的本土化策略。例如，百度除了搜索业务与 Google 相仿，其他业务均与其不同，Google 专情于 Gmail、Android、GDrive、Chrome 等在线业务，而百度在产品生态布局与产品具象形态上和 Google 的差异越来越大。到 2010 年第一季度，Google 宣布关闭在中国大陆地区市场的搜索服务后，百度的发展更本土化，如今更是以无人智能技术重塑企业基因。中文互联网企业在本土与海外互联网企业长期角逐并赢得最后的胜利，这样的案例数不胜数，如解决数字零售问题的淘宝、京东等，早早就把 Amazon 甩在身后。

话题回到本节的聚焦点，笔者将以互联网产品研究者角度与读者探讨微博和其他与之存在交集的社交产品的差异。在微博诞生之前，"微博"这一产品的最初创新尝试便来自西方互联网，因此，本节将回到微博的信息结构特征做一些比较分析。

前文中，笔者提到过一款 Google 的产品名曰 Google Reader（于 2013 年停止运营），聊起微博的信息结构特征，需要从Google Reader 开始回溯。我们经常在互联网上看到"推送"这个词，而 RSS "推"的概念源于 Netscape（网景浏览器），于当时的互联网常见状态不同。RSS 的"推"强调用户订阅内容，降低无关信息对用户注意力的干扰。RSS 的风行一时也一定程度上是因为互联网用户对于"纯净资讯阅读体验"的需求，对此，多种互联网数字信息产品已提供了相应的功能，比如 Office 软件有焦点模式，帮助用户不受外来信息干扰，沉浸式写作。同样，浏览器如 Chrome 有多项沉浸式阅读插件，启动插件即可屏蔽无关信息进入完全的阅读模式。RSS 问世的初衷同样是让用户专注于内容本身。当然，这种所谓的需求满足究竟是不是"智商税"就仁者见仁、智者见智了，以真实的用户使用习惯来说，注意力涣散的用户常常是即使用了沉浸模式都规避不了开小差；而对自律的用户而言，无论是否使用沉浸模式都可以心无旁骛专注于内容。这有点像经常买书的读者未必读书，只是用一种"买了等于看了"的心态来缓解焦虑，RSS 的沉浸降低外界干扰，也有几分这样的意思。当然，部分 RSS 软件的用户体验相当不错，的确有降扰的功效，如 Google Reader。

　　Google Reader 保持了 RSS 产品的初心，用户可以在阅读器内将资讯页面转为纯净模式。而且，当用户按照自己的资讯兴趣订阅 RSS 新闻源后，每天打开 Google Reader 就可以在应用内看资讯的摘要和全文，不需要打开多个网站寻找信息。

　　兴趣订阅产品直到 2006 年才出现重大升级，Facebook 推出信息流广告，用户可以通过订阅，查看好友的状态更新或分享的内容。这仍然是订阅，只是把原本 RSS 资讯订阅源封装到应用内，变成点对点的信息流订阅关系，但具有跨时代的意义：一是将

RSS 时代的 Blog 订阅，升级为社交关系订阅，订阅内容从 Blog 时代的内容更新推送，扩展到社交媒体时代的状态更新等更丰富的更新推送；二是当时问世不久的 Facebook 提供了一款 Blog 与 RSS 阅读器应用的中间段产品，既比 Blog 的订阅范围更广，又降低了 RSS 阅读器应用的订阅操作难度（RSS 阅读器操作并不简单，需要用户寻找 RSS 订阅源，而不熟悉操作的用户面对资讯网站根本不知道在哪里可以找到 RSS 订阅源 Feeds 或 XML 代码），降低了用户的进入门槛；三是社交关系意味着从兴趣阅读订阅升级到人和人的社交关系订阅，普适性提升巨大（不是每个人都喜欢看资讯，而喜欢看资讯的用户中只有一部分会使用 RSS 兴趣订阅，RSS 从问世第一天开始就从未成为主流产品，但绝大多数人会需要社交），用户规模与使用频次暴涨，跨出了社交媒体的关键一步。

Facebook 揭开了信息流的序幕，包括 Twitter 在内的西方互联网公司快速跟进。与 Facebook 相比，Twitter 更轻量化、更简约。从社交产品的信息结构视角看，Facebook 属于 SNS，而 Twitter 是标准的微博客。相比之下，Facebook 的产品更"重"，信息层次、结构性与社交因素之外的单位更健全，谋求的是将现实世界的人事物关系映射到 Facebook 内，让用户可以在社交网络中像现实生活一样参加活动、写读书笔记、寻找展览、聊电影、分享美食、与商户互动、和品牌讨论或表达诉求等，因此，Facebook 生态类别齐全、组合多样，而且强调网络 ID 与真人的强关联，熟人社交气氛浓郁；Twitter 则"迷你"得多，极其简约，而且 Twitter 的个人中心化风格相当显著，使用 Twitter 让用户感觉更像是在个体世界，信息干扰不多。

虽然人们认知中的微博走的是 Twitter 路线，但这种认知并不足够严谨。出现这种认知的主要原因在于微博在中国诞生时，互联网统治力应用集中在 SNS 方向，开心网、人人网的用户基数惊人，于是当微博形态出现，行业研究者本能地将其与 Twitter 对标。可在实际发展路线中，微博跨过发展中期后，其发展路线便与 Twitter 有截然不同，微博的产品功能更全面，社会化媒体的属性更瞩目，且社交传播效应的组合创新玩法层出不穷。

如今再次回眸审视微博与 Twitter、Blog 和 RSS 的信息结构差异，我们可从三个方向看待这个问题。

方向一，内容生产者。Twitter 的内容生产者以个人为主；Blog 通常是博主，而博主本身需要相应的写作能力与专业知识，并不普及；RSS 更多呈现的是用户订阅的兴趣内容来自资讯门户网站或 Blog，官方媒体产出的内容占绝大多数；微博的内容生产者生态更多元化，可划分为普通用户、媒体、政务机构、品牌等，通过内容生产者互相沟通交流，微博衍生出更丰富的功能，满足用户需求。

方向二，内容载体。Twitter 的内容载体多为图文视频；Blog 的内容载体以图文为主；RSS 的内容载体同样多为图文；相比之下，长图文、H5 页面、投票等丰富载体并存于微博，显然可以提供更丰富的用户体验。

方向三，内容触达。Twitter 的内容触达主要依赖生态内订阅；Blog 同样采用用户订阅机制；RSS 载体为用户订阅；部分 RSS 阅读器提供应用内转码阅读（无须跳出应用）的功能；而微博的内容触达，一则有用户兴趣订阅、社交关系订阅，二则有根据兴趣定向推送，三则有包括热搜榜等具流量集成功能的产品，可以让内容触达更精准，用户更易聚焦。

微博的进化过程很像是中文互联网细分赛道头部厂牌的演化之路，先借鉴西方互联网模式，随后在不断的发展中匹配中国消费者的需求和习惯，探索出了一套属于自己的模式。而亚马逊中国秉承一条不同于中国电商网站的独家用户体验的理念，最终谢幕。与之形成鲜明对比的是微软，其原本的浏览器使用体验极不符合中国用户习惯，当中国用户越来越钟情 360、火狐、Opera、世界之窗等多标签浏览器时，微软不得不妥协（其实不只是向中国用户妥协，也是向 Google 妥协），将默认浏览器转为 Chromium 内核的 Microsoft Edge，随后该软件在中国的市占率和装机量节节上升。

中文互联网终是服务华人的产业，而中华文化、习惯、思维方式与西方存在差异，唯有遵循用户需求导向，方得大道。

互联网元治理之道

为研究学术研究者眼中的微博是一种什么样的存在，笔者在中国知网以"微博"为关键词检索学术文献，共获得文献搜索结果超 13 万篇，知网中与微博相关的学术文献数量变化趋势如图 8-1 所示。

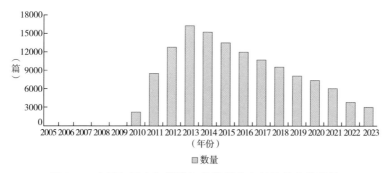

图 8-1　中国知网中与微博相关的学术文献数量变化趋势

分析海量学术文献的出现时间，会发现微博的学术文献出现上扬趋势是在 2010 年左右，随后急速攀升，在 2013 年达到峰值，之后趋稳。这样的变化既与微博的用户数量增长相关，也与微博在多方面的应用摸索相关。学术研究者在微博呈现出巨大的社会效益时开始研究相关课题，随后多项学术课题研究逐渐进入深水区，可以启动的全新课题研究方向数量逐步平抑。可以说，学术文献数量的变化趋势是真实反映用户数量规模和学术研究健全度的晴雨表。

许多人可能认为研究微博方向的学者应该来自新闻传播相关学科，实则不然，这些学者来自各种不同的学科，比如政治经济学、贸易经济、统计学、治安管理、行政管理等。换一个视角看待此现象，经过近 20 年的学术研究和探索，微博已经融入多个学科领域的多个细分研究方向，覆盖范围之广颇为罕见。

受制于篇幅，本书不可能全面复盘所有学科在微博领域的学术课题。本节将聚焦行政管理方向，谈谈涉及舆情治理与突发事件应对方向研究者眼中的微博。

行政管理视角的学术研究中，舆情管理、治理研究，突发事件应对和协同治理为主流研究方向（参考博士学位论文方向结构）。

从舆情治理学术研究角度，根据政府和社会组织介入度的不同，治理可分为社会中心治理、网络治理和元治理三种模式①。第一，社会中心治理模式以自治为中心，强调无政府干预，去中心化的治理方式，该治理模式与治理理论创始人 James N. Rosena 的主张"有政府的治理"理念一致，在没有强权力干预的情况下，各成员围绕共同的目标，构建自治组织。网络舆情是公民围

① 孔建华：《当代中国网络舆情治理：行动逻辑、现实困境与路径选择》，博士学位论文，吉林大学，2019。

绕某一事件自发表达想法和情绪的一种方式，网络舆情源于公民，社会中心治理模式在网络舆情治理中的应用，强调网络舆情治理应该依靠公民自治，政府应该充分地放权，让公民靠自身认知达成一致的意见，消化网络舆情。第二，网络治理模式以合作为中心，强调网络是治理的核心，这与治理理论学术代表人、《理解治理》作者 R. A. W. Rhodes 的观点一致，该模式平等看待政府、企业、社会组织、公民等参与成员，是一种多元主体参与的协商治理模式[1]。网络治理模式在网络舆情治理中的应用，强调网络舆情治理应该依靠政府、媒体、社会组织和公民等多元主体的合作，各主体间通过沟通协商，相互监督，共同构建和谐健康的网络舆情环境。第三，元治理模式以政府为主导，是"治理的治理"[2]，它既强调政府的主导地位，也重视网络治理的作用。当社会中心治理模式和网络治理模式中，各成员出现相互推诿、工作效率低下的情况时，就需要一个主导者制定规则，解决问题。由于网络舆情传播的快速性和广泛性，需要政府部门具备较强的应变能力。元治理模式在政府内部组织的应用，有助于提高政府部门的工作效率和治理能力。[3]

---

[1]　任勇：《治理理论在中国政治学研究中的应用与拓展》，《东南学术》2020 年第 3 期。

[2]　Paul Fawcett, "Metagovernance of Migration Policy in the Asian Pacific Region: An Analysis of Policy Tools," *Policy and Society*, no. 3（2021）: 431-447.

[3]　杨洋洋：《多维度视角下政府网络舆情治理研究》，博士学位论文，北京邮电大学，2022。

从学术文献可见，前序学者早早提出社会中心治理、网络治理和元治理三种模式，而元治理模式强调的是主导者制定规则，"元治理模式在政府内部组织的应用，有助于提高政府部门的工作效率和治理能力。"而中国政府的舆情治理模式，便是元治理的行政管理应用体现，学术文献视角没有涉及的是元治理的多变效应，即元治理不仅是政府治理的立场与手段，而且需要元治理中涉及的舆论平台本身的协同，尤其在互联网时代平台成为用户舆情集中点，如微博这样的社会化媒体平台与政府行政管理的协同效率决定了治理结果。

学术研究发现，作为社会化媒体的微博虽然集中了规模化的网民，并在商业实战立场对传统媒体构成挑战，但在舆情治理角度，微博与传统媒体各有优劣，微博需要把握网民主导声音的程度，规避负面情绪与非科学性的内容，而传统媒体如《人民日报》则注重科普，受众参与感不强[①]。

当微博成为舆情管理的重要阵地时，政府行政治理部门需要找到合理的应对策略，对舆情进行预判、疏导、管理，规避负面情绪和反科学理论，降低网络盲从情绪。对此，节点挖掘将在舆情管理早期与关键点形成决策参考，并且对舆情的未来形成预测。基于超网络理论，将微博舆情超网络分为环境子网、

[①] 蒙胜军、李明德、郑乔等：《雾霾议题报道及舆情中的科学信息：媒介差异、内容影响及优化路径——基于〈人民日报〉和新浪微博数据的比较研究》，《情报杂志》2020年第5期。

社交子网、内容子网、情感子网、时序子网，挖掘微博舆情中的关键节点，可以实时预测舆情的演化方向，有助于平台对舆情的管控。①

行政管理实践工作中，行政管理部门利用微博实施舆情管理已经成为常态。学者杨洋洋指出，政府部门针对已在微博认证的全国政务机构官方微博影响力进行评估，每年会发布《政务微博影响力报告》，但是这份报告中对地方政务微博影响力的评价所采用的评价数据只有微博数据，目前对于全国不同地域的政府网络舆情治理能力评价模型，尚未形成。②

同时，微博也是突发事件应对中不可忽略的兵家必争之地。

学者付宏、田丽剖析了事件舆情演进的动因，一是主管部门遮掩事实，成为网民情感负面态势的推动力；二是微博活跃用户的介入，成为舆情产生与发酵的催化剂；三是主动议程设置不当，错失舆情消解的良机③。而学者马得勇、孙梦欣认为，政府透明性和回应性的提升对地方政府公信力的增强有显著的积极影响④。综上所述，舆情和突发事件本不能简单划定为由网络与网

---

① 张连峰、周红磊、王丹等：《基于超网络理论的微博舆情关键节点挖掘》，《情报学报》2019 年第 12 期。

② 杨洋洋：《多维度视角下政府网络舆情治理研究》，博士学位论文，北京邮电大学，2022。

③ 付宏、田丽：《基于微博传播的舆情演进案例研究》，《图书情报工作》2013 年第 15 期。

④ 马得勇、孙梦欣：《新媒体时代政府公信力的决定性因素：透明性、回应性抑或公关技巧？》，《公共管理学报》2014 年第 1 期。

民单方面产生，从政府公信力视角，积极应对网络舆情，规避突发事件带来的舆情风险，是需要从认知到方法的全面工作。

学者崔鹏指出，突发公共事件网络舆情政府应对能力概念模型是如何构建的？网络舆情政府应对能力是一个复杂而抽象的东西，学术界虽已有研究，但都是从应急管理、危机管理和政府职能的角度出发，基本上是属于事前或事后研究，没有形成统一的概念①。由于突发事件通常具有偶发性，政府行政管理部门的应对常常是被动的、滞后的。从突发事件伊始，就需要对微博舆情进行及时动态的数据监测，及时判断事态的舆情走向，合理科学地进行回应，消弭谣言造成的网民盲从，行政管理部门的突发事件应该是系统的、有预备的、工具与方法娴熟的、公开透明的，而不是被动地见招拆招。

从学者的课题成果可见，微博是政府行政管理部门舆情管理的首要阵地。与此同时，学者建议在以微博为主轴之外，纳入其他社交属性媒体的舆情数据，助力构建更为科学的舆情治理能力评价模型。微博在舆情治理工作中，扮演着标杆者的角色，助力互联网舆情管理科学实施，同时，为更广泛的互联网舆情治理评价体系的构建提供领先的实践经验。

---

① 崔鹏：《面向突发公共事件网络舆情的政府应对能力研究》，博士学位论文，中央财经大学，2016。

虚拟社会的群情机制创新与探索

互联网是基于数字科技的连接。在数字互联网科技的发展过程中，数字连接了人与人，互联网社交从而诞生；数字连接了人与商品，互联网电商从而诞生；数字连接了人与信息，互联网资讯从而诞生；互联网连接了人和服务，互联网本地生活服务从而诞生……类似的连接还有很多，每一次连接的发生都意味着一条崭新的互联网细分赛道的开垦。

正因为数字互联网业务的价值本源来自连接，换一种视角评价互联网，可以将其看作现实生活在数字互联网虚拟空间的一种映射，就像使用数字科技在虚拟空间作画，现实生活中的人事物跃然于虚拟空间，并且与现实生活有无形的连接，在数字空间以极为具象的应用得到呈现。举例来说，消费者用生活服务 App 订餐，App 提供的订餐服务就通过互联网实现了数字连接的价值，在数字虚拟空间记录、交易，随后在线下实体场景交付（外卖）。

当映射进数字虚拟空间的人事物越来越多，虚拟数字空间自然也会衍生出虚拟社会治理的需求。数字虚拟社会同样需要公序良俗，而且由于数字虚拟空间的映射效应具有双向性，数字虚拟社会同样也会反作用于现实社会，因此，数字虚拟社会治理很早就进入了学术课题研究领域。

虚拟社会治理中，微博长期作为研究对象，源于微博集中了规模化的网民，且网民的言论具有互联网特征，对于信息破壁有代表性意义。学者郑志平指出，博客、微博、微信等以用户为中心的网络技术和网络应用，正在打破由强势权力和雄厚资本掌控互联网中心的圈层格局，多中心、地位平等、注意力分散的网格结构正在建立，成就了信息的自由流通和快速传播。互联网造成了信息的民主化，大家不再闭目塞听；同时民众通过互联网获得了组织自己的手段，不再完全是一盘散沙式的孤独存在①。

学者郑志平还指出，虚拟社会的网络机构自治层面，微博的"微博法庭"具有标杆性和示范性，"微博法庭"运行第一年，不实信息的举报量从最初日均 4000 条下降到日均 500 条，有超过 20 万人次被扣除信用积分。可见，"微博法庭"就如同设置了一个缓冲地带，在监管部门刚性的审查之前，使微博用户自治自律，防止网民的行为从违规滑向违法犯罪，公共权力就无须频繁介入，减少了用户因言侵权甚至获刑的风险，既保护了微博用户的权益，又净化了微博言论空间②。

在学者关注此现象的同时，媒体也对以微博为代表的网络机构自治付诸高度关注，《南方周末》的一篇文章中曾提到：改善

---

① 郑志平：《国家与社会关系视角下的中国虚拟社会治理方式创新研究》，博士学位论文，湘潭大学，2016。

② 同①。

网络空间环境，不能单纯依赖行政和刑罚这样的"硬手段"。仿照现实司法体系设立的"微博法庭"运行一年半，事实证明，网民能够实现良好的自我管理，既让造谣传谣者得到了惩处，防止他们违法犯罪，尽可能减少公权力的直接介入，也保障了网络空间的自由和活跃，达到各方共赢的效果①。

作为前沿的摸索者，微博的自治经验后被互联网平台广为效仿。如今的诸多互联网平台都已拥有类似"微博法庭"的网友裁决机制，使一些争议（是否涉嫌违规）在大众认知层面得到判定，大幅降低了司法成本，且提高了网络自治的效能。

虚拟社会治理，不仅停留在裁决与违规判定的治理，部分学者同样提出，拥有大数据的政府行政服务部门应充分利用微博这样的社会化媒体平台提升服务效能，以及获取群众对公共服务的精准需求。学者陶鹏指出，在个性化的微时代，民众对公共服务的要求更加个性化、具体化，建立基于大数据与微应用对接的广泛性公共服务体系，已属创新虚拟社会治理的重要途径。经过长时间积累，大量公共数据掌握在政府手中，政府应根据社会公众的需求，有针对性地进行数据挖掘和数据分拣，然后以微博、微信等微应用形式实施定向推送，并接受公众的个性化服务定制。同时凭借数据分析研判，提前预测公众对公共服务的需求动向，前瞻性地制定出服务预案，提高公共服务体系的广泛性与时效

---

① 雷磊、邹思聪、张维：《"微博法庭"：网络案件，网友裁决》，《南方周末》，2013 年 12 月 5 日。

性，微时代多样化的民众诉求将得到有效满足①。

作为有别于现实社会秩序的虚拟社会治理，势必有诸多问题需要解决，包括立法的滞后、法律主体与行为的重新定义、使用符合互联网科技规则的机制对不良现象进行预防与整治等。学者周率提出，包括微博在内的新媒体途径，是公民政治参与履行权利的路径，普通公民或团体，以网络为媒介，参加网络听证、网络监督、网络投票、网络调查，或通过微博、微信、BBS 等新媒体途径表达自己的利益诉求、政治情感、意见建议等，或借助网络邮件、网上平台、网络客户端进行投诉、上访、监督举报等方式，履行公民政治参与的权利，有效地参政议政②。

从学术文献可见，微博在虚拟社会治理层面的多向作用得到了重视，部分已经进入虚拟社会治理的行政管理实践，部分由网络平台构建自治机制以降低社会治理成本并形成更具有时效性的治理结果，也有部分尝试仍然在较早期的阶段，需要更多时间以及社会治理条件进行证实。

值得关注的是，虚拟社会治理的学术研究角度，并不局限于中国或者中文互联网范畴的自治，有三种现象同样是虚拟社会治理值得聚焦的。其一，更多政务微博的开设和运营。中央及地方各有关部门，也积极顺应网络虚拟社会发展的潮流，开设政务微

---

① 陶鹏：《微时代背景下的虚拟社会治理》，《求实》2015 年第 4 期。

② 周率：《网络虚拟社会治理与我国政治安全保障研究》，硕士学位论文，燕山大学，2016。

博或微信公众号，积极利用网络开展自我宣传、服务便民等工作①。其二，虚拟社会治理，同样值得发展健全的网络监督职能。工人、学生、公务员等都可以通过微博、微信、贴吧等参与进来，反映政府部门及其工作人员机关的不作为、乱作为、贪污受贿、以权谋私等各种行为。这些都更能体现传播快速、形式多样的参与媒介，与现实政治生活中的上访、书信电话举报、新闻媒体曝光相比，具有更大的威力。网络虚拟社会所特有的传播快速、透明度高、保密性强、参与度高等特点，有利于在网络反腐中发挥重要的作用②。其三，对国家政治安全产生影响的网络事件治理。学者曾润喜、徐晓林指出，我国正处于急剧的社会转型期和矛盾凸显期，群体性事件和突发性事件频频发生，互联网在一定程度上成为这些事件的引导者和推动者，应对虚拟社会的传播机制、社会结构、社会关系和潜在政治风险进行理论研究③。

　　所有虚拟社会均非完全真空的存在，即便是热及一时的元宇宙科技成型，未来构建沉浸式数字现实体验，虚拟社会治理仍将是人们长期关注的课题，因为数字科技与人类角色数字化不同阶段的升级，仍然会出现不同阶段特点的问题，虚拟社会的治理需

---

① 周率：《网络虚拟社会治理与我国政治安全保障研究》，硕士学位论文，燕山大学，2016。

② 熊光清：《中国的网络监督与腐败治理：基于公民参与的角度》，《社会科学研究》2014 年第 2 期。

③ 曾润喜、徐晓林：《国家政治安全视角下的中国互联网虚拟社会安全》，《华中科技大学学报（社会科学版）》2012 年第 2 期。

要法律治理、平台自治等多重措施结合，进而构建良好的数字虚拟社会秩序。

行为于始，规则为律

互联网数字科技改变了人类的生活，而社交媒体连接了人与人。那么人在现实生活呈现的状态与在互联网社交媒体呈现的状态是否一致？如果存在差别，这种差别通常在何种条件下触发？社交媒体中，人和人的关系与现实中的人际关系是否一致？同样条件下，人际关系的行为变化规律是什么？

越来越多的问题被提出，而学者专职便是基于专业研究视角提出问题，证实或证伪问题，并寻找问题的真相，因此，研究用户行为的学者是微博用户行为研究课题的先行者。

微博用户行为研究可主要划分为如下几个方向。

第一，对于微博用户的行为和心理的研究。以微博用户为研究对象，寻找用户行为和心理之间的关联或影响的逻辑。

第二，对于微博用户的关注偏好研究。微博的用户人群画像与关注偏好存在关联性吗？这种关联性的背后是什么原因？

第三，对于特定人群微博行为或微博人群特定行为的研究。某个人群在微博的行为共性，或无差别人群在微博的某种行为。

第四，对于微博用户面对变化的行为研究。如果出现某种突然的变化，微博用户会产生何种行为反应？

第五，对于特定阶段或时期内的微博用户行为研究。当进入持续的事件周期，微博用户的行为会出现何种变化？

当然，学术研究的颗粒度远比笔者用短短几行字归纳的具象得多。而上述段落的归纳总结，只是尽可能使用非学术语言，帮助读者大致了解微博用户行为研究的方向以及冀望解决何种问题。如果遍览所有微博用户行为研究，将是一项旷日持久的工作，因此笔者仅摘取部分具有代表性的用户行为研究，尝试进行阐述。

第一，对于微博用户的行为和心理的研究。

早在 2013 年，就有学者指出微博用户的使用记录能够客观地预测用户的大五人格维度①，明示用户心理与行为之间存在关联。学者乐国安和赖凯声通过采集微博平台的文本数据，分析了快乐、悲伤、厌恶、愤怒和恐惧五种微博情绪对现实社会中热点事件的反应，结果发现微博情绪对重大事件、节假日的反应都呈现出了较为灵敏的特点，并基于以上研究更新了微博客情绪词库工具②。

而学者罗晶欣指出，微博用户在社交媒体上的用户行为主要

---

① Shuotian Bai, Bibo Aao, Ang Li, et al. "Predicting Big Five Personality Traits of Microblog Users", 2013.

② 乐国安、赖凯声：《基于网络大数据的社会心理学研究进展》，《苏州大学学报（教育科学版）》2016 年第 1 期。

包括自我呈现的特征和其表达的情绪、情感的特征，通过直接作用或社会支持的中介作用间接影响着用户的自尊、主观幸福感等心理特征①。

国内的微博用户行为研究着力于用户行为和情绪以及情感特征的影响，就整体学术研究深度而言，由于学术课题通常资源有限，很难基于微博全网样本进行实时和长期的跟踪，通常以部分抽样样本内容进行垂直课题研究假设的论证，精细化勾勒微博用户行为和心理的结构性逻辑尚有很长的道路要走。已经得到确认的是微博用户行为与心理存在关联，但关联的主体客体以及太多调节变量、控制变量等值得进入课题研究的变量，均有漫长的道路要走。

由于微博具有兴趣订阅特征，微博用户的兴趣偏好长期以来是学术研究者关注的方向。学者许为、林柏钢、林思娟等认为，利用用户间的"提醒""转发""评论"行为构建了用户行为交互网络②；而学者张中军、张文娟、于来行等认为，利用用户关注关系、用户粉丝数、用户关注数与用户发布内容能描述用户相似性③。

---

① 罗晶欣：《基于社交媒体的用户行为和心理研究》，硕士学位论文，哈尔滨工业大学，2020。

② 许为、林柏钢、林思娟等：《一种基于用户交互行为和相似度的社交网络社区发现方法研究》，《信息网络安全》2015 年第 7 期。

③ 张中军、张文娟、于来行等：《基于网络距离和内容相似度的微博社交网络社区划分方法》，《山东大学学报（理学版）》2017 年第 7 期。

学者王晓旭则认为，微博用户的社交网络中的元素主要有两部分：用户节点与连接关系。用户节点即每个用户都是一个用户节点。连接关系即关注关系，是由用户的关注行为产生，关注行为存在方向，关注关系也就存在有向性。王晓旭指出，微博中存在的关注行为使微博网络成为有向网络，有向网络中的连接向不能忽略，在有向网络中信息传播的方向是由被关注者流向其粉丝群体；同时经过多年的发展，微博中存在部分粉丝数庞大，而自身关注账号数量较少的用户，即微博"大V"用户。对于这部分用户而言，其粉丝与该用户之间并没有紧密的联系，不能将该用户关注的群体与其粉丝群体混为一谈，不加区分会高估该用户与其粉丝之间的连接密切程度①。

第二，对于微博用户的关注偏好研究。

学者们从统计学等学科视角，提出统计指标范式、统计口径以及统计方法方面的多种学术观点。

第三，对于特定人群微博行为或微博人群特定行为的研究。

特定人群微博行为研究与微博人群特定行为的研究，素来是研究成果应用性非常高的课题方向。根据特定人群的微博行为，可以在日常工作或管理/治理中针对性地拟定更适合的解决方案，从而降本升效或提升管理/治理效能；微博人群特定行为研究，有助于界定人群与特定行为的关联性，从而使这种关联性的研究

---

① 王晓旭：《微博用户关注偏向相似性研究》，硕士学位论文，首都经济贸易大学，2022。

成果能普遍应用于管理/治理。

学者朱思雨将研究聚焦在特定人群大学生以及特定的"转发"行为上，而在课题研究的成果中，朱思雨表示，①大学生微博用户转发意愿产生的前因具有复杂性，单个影响因素并不构成微博转发意愿的必要条件，个人因素、环境因素和信息因素相互匹配才能对结果产生影响。②高微博转发意愿的产生具有 5 种前因构型、3 类核心条件，可以被进一步分类为信息源可信度缺失型，个人和环境主导型，环境和信息主导型，个人、环境和信息综合主导型。在所有核心条件中，社会认同、社会影响和信息源可信度出现的次数最多，而自我效能并不一定作为核心条件出现，但出现的总次数较多，显示出其重要作用。③低微博转发意愿产生的前因具有 2 种前因构型，2 类核心条件。通过对比可以看出高转发意愿和低转发意愿两种结果的前因构型不完全对立，核心条件不完全相同，具有非对称性①。

第四，对于微博用户面对变化的行为研究。

微博用户面对变化的行为研究，亦有较为丰富的学术研究成果。学者李婷婷根据微博用户遭遇突发事件时行为和情绪的特征实施学术研究程序。李婷婷认为，尽管使用微博等社交媒体进行突发事件信息获取和交流具备很多优势，但突发事件爆发时，因其独特的公共性、社会性、复杂性以及危害性，极易引起公众的

① 朱思雨：《大学生微博用户转发意愿影响因素研究》，硕士学位论文，西北大学，2022。

广泛关注和高度介入，因此舆论的演化方向跟突发事件的发展方向息息相关。同时，李婷婷指出，在突发事件的背景下，社会大众出于对自身安危、事件发展状况等方面的担忧，往往会选择微博等社交媒体进行事件信息搜寻、事件信息传播、情绪宣泄等操作，并产生不同类别的情绪，若用户的行为和情绪没有被合理引导，则不利于应对措施的推进以及社会的稳定，因此有必要对突发事件背景下的社交媒体用户的信息行为及情绪特征进行识别和分析，从而为相关部门正确引导用户行为和情绪、制定舆情管控策略提供一定的建议①。

第五，对于特定阶段或时期内的微博用户行为研究。

特定阶段或时期内的微博用户行为研究，聚焦的是阶段内或时期内用户行为的变化。学者綦婷将微博平台的新冠流调信息通报内容及形式的改变概括为初期、改进、完善、发展、简化 5 个阶段。随后，梳理总结出 2020 年 1 月 25 日至 2022 年 11 月 30 日微博平台的新冠流调信息公开传播后出现集合行为现象的 45 个研究案例，并将以上案例中集合行为所基于的不同信源归纳为经他人泄露的新冠流调信息、未脱敏的新冠流调信息、"再编码"的新冠流调信息、遭主观臆想后的新冠流调信息、涉多人多点的聚合型信息 5 种类型。并且提出，一是微博传播机制为集合行为的发生提供场景、权力、语境等结构性条件；二是"疫情受害

①　李婷婷：《面向突发事件的微博用户行为与情绪特征实证研究》，硕士学位论文，南京大学，2021。

者"的崛起及其信息不对称下的相对剥夺感强化了结构性紧张；三是微博"信息茧房"和匿名性传播下一般化信念形成使无组织的微博用户初具雏形；四是特殊性新冠流调信息与话题性热搜成为集合行为的诱发因素；五是意见领袖的"羊群效应"与犬儒主义式表达共同形成行动动员；六是社会控制方面存在技术缺失和德法缺位。随着以上 6 个因素的不断累加，集合行为发生的可能性就逐渐增大①。綦婷的学术研究过程，对特定阶段或周期内微博用户行为的结果，具有代表性意义，类似的学术研究可以普遍应用于未来的微博治理，助力完善阶段或周期内社交媒体治理决策。

用户行为研究是具有较大范围、边界与颗粒度的研究，同时具有较强的跨学科特征。而大量用户行为学术研究聚焦微博平台，关键原因还是在于微博用户行为具有社会化媒体代表性。更重要的是，微博的用户类型几乎达到海纳百川的地步，任何事件或用户言行，很难完全置身微博生态之外。

学术专家眼中的微博

正如世人所了解的那样，作为社会化媒体的微博，拥有着极为显著的媒体属性，而媒体通常被广泛认为属于新闻传播学科范

① 綦婷：《基于新冠流调信息的微博用户集合行为研究》，硕士学位论文，重庆工商大学，2023。

围。在新闻传媒学科学术专家眼中，微博是什么？本节将围绕对部分学术专家访谈中回答的问题展开，并进行阐述、分析。在此，感谢几位在学术领域卓有建树的专家对本书的访谈问卷进行细致详尽的回答。

笔者与课题团队一共访谈了 3 位学术专家，分别来自中国传媒大学广告学院、厦门大学新闻传播学院、武汉大学新闻与传播学院，这 3 所高校在中国新闻传播学科下属二级学科广告学均有其极为卓越的学术贡献。3 位学术专家长期从事产业、传播、媒介、品牌等方向的课题研究，博学广识且具有破解未知的强大科研能力。

问题一：您所经历的学术研究中，微博通常用于满足品牌/政务机构/媒体的何种需求？

厦门大学新闻传播学院副院长陈素白博士指出："微博通常都是作为品牌方、政务机构以及媒体的官方号发声场所，很多时候用户会关注这些官方号以获取品牌最近的信息，政务的最新信息，媒体的新闻报道。由于微博的即时性，一些公关危机事件发生后，用户都会关注该事件的当事人会如何在微博表明自己的立场，通常这些回应都会'上热搜'，一般'上热搜'即意味着破圈，就会有很多公众知道此事，这种情况下微博的影响力就能体现出来了。"

中国传媒大学广告学院副教授、硕士生导师、博导组成员马澈博士回答道："第一，微博帮助品牌进行社交媒体传播、沟通、营销，以达成树立品牌形象、维护品牌声誉、经营消费者关系以及促进商品销售的目的；第二，微博帮助政务机构开展新媒体运营，以达成宣传政府形象、维护公众关系、新闻发布和舆情应对的目的；第三，微博帮助媒体机构进行内容分发，提升内容可见度与媒体影响力。"

综上可见，就不同的主体与立场，微博满足了不同的需求。对品牌而言，微博满足基于社交传播的信息和用户交互需求；对政务机构而言，微博满足宣传发布和舆情应对需求；对媒体而言，微博满足新闻内容分发，提升内容影响力的需求。

问题二：您如何审视微博在今日中文互联网扮演的角色？

武汉大学新闻与传播学院编审、武汉大学媒体发展研究中心研究员、《新闻与传播评论》副主编、编辑部主任刘金波博士指出："'两微一端'作为互联网的重要角色，其地位毋庸置疑。能够切实体现微博所言，随时随地发现新鲜事！微博带你欣赏世界上每一个精彩瞬间，了解每一个幕后故事，分享你想表达的，让全世界都能听到你的心声！"

而中国传媒大学广告学院副教授、硕士生导师、博导组成员马澈博士的回答则言简意赅："微博仍然是最重要的意见场域。"

厦门大学新闻传播学院副院长陈素白博士如此回答："当前，微博最大的特性即官方的发声渠道以及即时性。与此同时，上微博热搜是很具有影响力的事，尽管当前很多社交媒体都有所谓的'热搜榜'，但因为热搜榜诞生于微博，因此微博热搜的影响力是所有热搜榜里最大的。"

在学术专家的回答中，我们可以捕捉到的关键词包括"欣赏""表达""心声""意见场域""热搜""影响力"。从关键词的逐步解读可见：第一，微博具有个体发声的广泛认知，被认为每个个体都拥有微博的话语权；第二，微博具有意见场域的广泛认知，意见集成、汇总、分发、交互、裂变、扩散；第三，微博具有热搜和影响力，这意味着微博的搜索参数本身是被认为和影响力密切关联的指标。综上所述，可以得到初步结论：微博具有个体互动性、意见交互性、影响力标杆性。

问题三：您是否可以简单描述您所经历的学术研究过程中的所见，微博在公共管理/社会治理层面产生的作用？

厦门大学新闻传播学院副院长陈素白博士指出："微博在公共管理和社会治理层面的作用是其他社交媒体取代不了的，就像此前提到的在危机公关事件的处理中，公众一般都会在微博等待官方号的回应。同时，微博的热搜是很适合公共管理和事后舆论研究的，因为通过热搜能够看到舆情从爆发到最终消沉的全过程。比如对疫情的研究，可以只单看一个事件的舆情；也可以拉长时间线，看一两年内相关的舆情事件，热搜起到了一个很好的时间节点标记的作用。"

武汉大学新闻与传播学院编审、武汉大学媒体发展研究中心研究员、《新闻与传播评论》副主编、编辑部主任刘金波博士如此看待此问题："微博是了解民生民意的重要渠道和手段，有利于加强党和人民群众的血肉联系。具有重要的公共管理与社会治理方面的传播力、关注力、影响力。"

而中国传媒大学广告学院副教授、硕士生导师、博导组成员马澈博士回应道："在热点事件中，微博的公共价值凸显。以'315'为例，新闻发布、多方的回应、公众的呼声，都及时、高效、较全面地呈现在微博场域中。"

回到公共管理与社会治理视角，我们可以发现学术专家的观点高度一致，都提到微博重要且关键的公共价值，且这种价值无法被其他社交媒体替代。另外，微博为党群联系提供了充分价值的通路。

中国有几千所高校，学术专家从不同方向、不同学科、不同视角、不同课题研究的经验，可提供审视微博的大量具备参考价值的意见建议，本章仅为管中窥豹。

纵使迟到，拒绝缺席

纵使迟到，仍感荣幸敲下全书最后一篇文字，时间已是凌晨 0：59。

过去的 12 天，笔者完全投入本书的写作。但写作不是目的，记录才是。

作为初代中文互联网人，笔者并不讳言自己对互联网平台有偏爱与鄙夷的倾向。从偏爱的角度讲，笔者钟情于守得住原则的互联网平台，不以物喜，不以己悲，我自山岗大江，何谓清风明月。在笔者看来，微博属于这个类别平台中的标杆——具有媒体基因。社交平台启动后仍然保持媒体基因本色，登峰造极时也未盲求商业化而罔顾公序良俗，面对后浪不卑不亢，谦逊、守序，面对社会良知巨大波动的时刻守住初心——做到这份儿上的互联网平台并不多。笔者较为鄙夷的互联网平台基本都有这样几个特点：妄自尊大，视剽窃为自然，道德有限、素质不高，忘记用户体验才是互联网精神的终点而不是流量变现……这般互联网平台，有那么几家。

略有遗憾，这应该是一本在 2012 年就立项撰写的出版物，迟迟未启动的原因在于笔者自知能力水平有限，唯恐唐突大好题材。这本书迟到了 12 年，好在终未缺席。同时，也有幸能在 2024 年执笔记录下十几万字的微博心得点滴。或许这将是 2024 年中文出版界中唯一一本探讨微博的出版物。

5 个月前，笔者与微博商业市场总经理侯燕在一场会议的外场探讨了本书的第一轮构想。随后，与微博团队交流过若干次彼此的观念，都认为以不局限于数字营销领域的观察者视角，尝试记录微博在社会、舆情、治理等多个层面的内容还是有意义的。

笔者眼中的微博边界，从来不只是营销，还有中国社会结构的一部分。这部分必须存在，如果微博没有存在于这部分，则中国社会结构便可能缺失一块。

很多年前，笔者与一位资深互联网从业者的好友喝酒聊天，聊到互联网公司的至高境界是什么。好友思考片刻，答道："人人在用，人人皆知，但人人无感。"

互联网公司的至高境界，究竟应该是强大的存在感，还是用户感觉不到其存在？或许这是一个哲学命题。但笔者选择后者。

写作期间，鸣谢以下单位：

笔记本电脑合作伙伴：联想 ThinkPad X1。

休闲娱乐合作伙伴：手游《灌篮高手》。

啤酒合作伙伴：百威经典小红罐（255ml）。

提纲打印合作伙伴：Brother 1218W。

宠物合作伙伴：奥斯卡小朋友（马尔济斯犬，7 岁）。

感谢客户与合作伙伴对笔者的宽容，当得知本书写作计划，原本工作排期很满的大多数客户与合作伙伴都理解并容忍了笔者的工作节奏拖沓（接近 12 天）。

重点，而不是终点。研究与验证一部数字科技史徐徐展开，是时代带来的荣幸。如果回到农耕时代，或许数百年乃至上千年都未必能出现一次科技驱动的生产力变革，而笔者有幸生在这个互联网从无到有的时代，不胜荣幸。

2012 年到 2017 年，笔者写了 6 本书。封笔 7 年，难免有行文功力退化的情况。但这不是重点，重点在于，笔者希望这本书不是终点。

袁俊

2024 年 4 月